管·理·落·地·笔·记·系·列

采购管理
极简落地工作图解

时代华商企业管理培训中心 组织编写

Minimalist Landing Work Diagram

化学工业出版社
·北京·

内容简介

《采购管理极简落地工作图解》一书旨在通过清晰简洁的语言和丰富的实战案例,为采购人员提供一套既实用又高效的采购工作指南。内容主要包括:采购与采购管理概述、供应商管理、采购谈判管理、采购合同管理、采购订单管理、采购数量控制、采购品质控制、交货期控制、采购价格控制与采购成本控制等。

本书采用极简风格,直击采购核心,内容以实战为导向,案例丰富,易于理解与应用;系统全面地覆盖采购全流程,构建完整的工作体系。

本书面向采购人员、供应链管理者、中小企业主、物流与仓储人员、商学院学生等,可助力企业优化采购流程,提升成本控制与运营效率,并为读者的职业发展赋能,实现个人与企业共赢。

图书在版编目(CIP)数据

采购管理极简落地工作图解 / 时代华商企业管理培训中心组织编写. -- 北京:化学工业出版社,2025.5.(管理落地笔记系列). -- ISBN 978-7-122-47589-3

Ⅰ.F253.2-64

中国国家版本馆 CIP 数据核字第 2025ZW9469 号

责任编辑:陈 蕾　　　　　　　　　　　　装帧设计:溢思视觉设计／程超
责任校对:王 静

出版发行:化学工业出版社(北京市东城区青年湖南街13号　邮政编码100011)
印　　装:三河市双峰印刷装订有限公司
787mm×1092mm　1/16　印张 10¾　字数195千字　2025年7月北京第1版第1次印刷

购书咨询:010-64518888　　　　　　　　　售后服务:010-64518899
网　　址:http://www.cip.com.cn
凡购买本书,如有缺损质量问题,本社销售中心负责调换。

定　价:78.00元　　　　　　　　　　　　　　　　　　　　　版权所有　违者必究

前　言

在瞬息万变的市场环境中，采购人员作为企业供应链管理的核心角色，其重要性不言而喻。作为企业的"守门人"，采购人员承担着为企业甄选优质供应商、削减采购成本、确保生产流程顺畅无阻的关键职责。他们不仅需确保企业所需物资的及时采购，还需在物资的质量、价格、交货期等多个维度上满足企业的要求。

然而，随着市场竞争的白热化和供应链的日益复杂，采购人员正面临着市场价格波动、供应商管理难度加大、采购风险防控等一系列严峻挑战。为助力采购人员有效应对这些挑战，提升工作效率，我们精心编撰了此书。

本书旨在通过清晰简洁的语言和丰富的实战案例，为采购人员提供一套既实用又高效的采购工作指南。内容主要包括：采购与采购管理概述、供应商管理、采购谈判管理、采购合同管理、采购订单管理、采购数量控制、采购品质控制、交货期控制、采购价格控制与采购成本控制等。

本书的特色与优势主要体现在以下几个方面：

◇ 极简风格：本书采用极简主义的表达方式，剔除冗余信息，直击采购工作的核心知识点和实用技巧，便于采购人员快速浏览和学习。

◇ 实战导向：本书内容紧密贴合采购工作的实际情况，通过丰富的实际案例和宝贵经验分享，帮助采购人员更好地理解和应用所学知识。

◇ 系统全面：本书从采购计划初步制订到采购合同的最终履行，再到采购物资的质量监控，为采购人员构建了一套完整的采购工作体系。

◇ 易于落地：本书介绍的方法和工具具有很强的实用性和可操作性，采购人员可以直接将其应用于实际工作中，实现采购工作流程的优化和质量的提升。

我们希望通过本书的出版，能够帮助广大采购人员提升工作效率，帮助企业降低采购成本，确保企业供应链的稳定与高效运行。同时，我们也鼓励采购人员不断学习，勇于探索创新，将采购工作推向更高的水平，为企业的繁荣发展贡献自己的力量。

由于作者水平所限，不足之处敬请读者指正。

编　者

目 录

导读一　采购管理提升课程安排 ··· 1

导读二　采购管理学习指南 ··· 3

导读三　培训老师使用指南 ··· 4

第一章　采购与采购管理概述 ··· 5

第一节　采购认知 ··· 6
　　一、采购的形式 ··· 6
　　二、采购的方式 ··· 7
　　三、采购的5R原则 ·· 11
　　四、采购的业务流程 ·· 14

第二节　采购管理认知 ·· 16
　　一、什么是采购管理 ·· 16
　　二、采购管理的目标 ·· 16
　　三、采购管理的基本职能 ·· 17
　　四、采购管理运作模式 ··· 19

第二章　供应商管理 ··· 21

第一节　开发潜在的供应商 ·· 22
　　一、选择供应商前的布局规划 ·· 22
　　　　相关链接　搜索潜在供应商的途径 ·································· 23

二、收集潜在供应商的资料 ………………………………………… 26
　　三、全方位了解供应商 ……………………………………………… 28
　　四、对供应商进行比较 ……………………………………………… 31
　　五、建立供应商资料库 ……………………………………………… 31

第二节　选择合格的供应商 …………………………………………………… 33
　　一、供应商评估要点 ………………………………………………… 33
　　二、比价和议价 ……………………………………………………… 34
　　三、样品采购检验 …………………………………………………… 35
　　四、供应商评审 ……………………………………………………… 37

第三节　培养优秀的供应商 …………………………………………………… 39
　　一、把供应商当作分厂看待 ………………………………………… 39
　　二、选择合适的供应商 ……………………………………………… 40
　　三、平等对待供应商 ………………………………………………… 40
　　四、主动维护供应商的利益 ………………………………………… 41
　　五、"恩威并济"管理供应商 ………………………………………… 42

第三章　采购谈判管理 …………………………………………………………… 45

第一节　采购谈判的内容 ……………………………………………………… 46
　　一、物品品质 ………………………………………………………… 46
　　二、物品价格 ………………………………………………………… 47
　　三、物品数量 ………………………………………………………… 48
　　四、物品包装 ………………………………………………………… 48
　　五、交货期 …………………………………………………………… 49
　　六、保险条件 ………………………………………………………… 49
　　七、货款支付 ………………………………………………………… 49
　　八、后续服务 ………………………………………………………… 49

第二节 采购谈判的流程 ·········· 49
一、询盘 ·········· 50
二、发盘 ·········· 50
三、还盘 ·········· 51
四、接受 ·········· 52
五、签约 ·········· 53

第三节 采购谈判的技巧 ·········· 54
一、询价的技巧 ·········· 54
二、议价的技巧 ·········· 56
三、成交的技巧 ·········· 57
四、解决冲突的技巧 ·········· 58
相关链接 采购谈判应有的礼仪规范 ·········· 59

第四章 采购合同管理 ·········· 62

第一节 采购合同的形式 ·········· 63
一、合同的开头 ·········· 63
二、合同的正文 ·········· 63
三、合同的结尾 ·········· 65

第二节 采购合同的签订 ·········· 65
一、签订采购合同的步骤 ·········· 65
二、确保合同有效性的条件 ·········· 66
三、签订采购合同的注意事项 ·········· 66
相关链接 采购合同条款的风险点 ·········· 67

第三节 采购合同的执行 ·········· 70
一、履行采购合同的督导 ·········· 70
二、采购合同的修改 ·········· 71

三、采购合同的取消 ·· 72

　　四、采购合同的终止 ·· 73

第五章　采购订单管理 ·· 75

第一节　采购订单处理 ·· 76

　　一、请购确认 ·· 76

　　二、订单准备 ·· 77

　　三、选择供应商 ··· 78

　　四、签订订单 ·· 79

　　五、小额订单的处理 ·· 81

　　六、紧急订单的处理 ·· 82

　　七、采购订单的传递和归档 ··· 83

第二节　采购订单跟踪 ·· 84

　　一、采购订单执行前跟踪 ·· 84

　　二、采购订单执行过程跟踪 ··· 84

　　三、采购订单执行后跟踪 ·· 85

第六章　采购数量控制 ·· 87

第一节　确定适当的数量 ··· 88

　　一、什么是适当的数量 ··· 88

　　二、影响订购数量的因素 ·· 88

第二节　选择适当的数量 ··· 89

　　一、定期采购控制法 ·· 89

　　二、运用定量采购控制法 ·· 90

　　三、选择合适的订购方式 ·· 92

　　　　相关链接　如何确定每一次的最佳采购量 ··· 93

第七章　采购品质控制········95

第一节　确定适当的品质········96
一、什么是适当的品质········96
二、品质的构成要素········96
三、制定品质规格········97

第二节　供应商品质管理········100
一、建立密切的品质关系与反馈制度········100
二、通过验收来控制········102
相关链接　不合格品的判定与处理········103
三、派驻检验人员········104
四、供应商品质体系审查········105
五、定期评比供应商········106
六、与供应商资源共享········106
七、对供应商的培训与指导········106
相关链接　采购员需掌握的质量常识········106

第八章　交货期控制········109

第一节　规划交货管理········110
一、什么是交货管理········110
二、确保交货期的意义········110
三、怎样确保适当的交货期········111

第二节　适当交期控制········112
一、交期的事前计划········112
二、交期的事中管理········114
三、交期的事后考核········116

第三节 交期延误处理·······117
- 一、分析供应商交期延误的原因·······117
- 二、解决交期延误的对策·······120
- 三、建立加强交期意识的制度·······122
  - 相关链接 采购员如何控制交货期风险·······124

第九章 采购价格控制·······126

第一节 确定采购价格·······127
- 一、影响采购价格的因素·······127
- 二、采购价格调查·······128
- 三、计算采购价格·······129
- 四、分析处理供应商的报价·······130
- 五、采购价格磋商·······130

第二节 降低采购价格·······132
- 一、互买优惠采购·······133
- 二、改善采购路径·······135
- 三、进行价格核算·······136
- 四、实施困境采购·······136
- 五、采用共同订货·······137

第十章 采购成本控制·······138

第一节 做好采购成本分析·······139
- 一、采购支出成本观·······139
- 二、采购价格成本观·······141
- 三、通过VA/VE分析采购成本·······142
- 四、产品生命周期成本分析·······143

五、产品所处生命周期测定 ·· 145

第二节　采购成本控制方法 ·· 146

　　一、招标采购法 ·· 146

　　二、集中采购法 ·· 147

　　三、目标成本法 ·· 148

　　四、供应商早期参与法 ·· 149

　　五、ABC 分类采购法 ·· 150

　　六、定量采购控制法 ·· 152

　　七、定期采购法 ·· 153

　　八、电子采购法 ·· 154

　　　　相关链接　采购员如何控制采购成本 ······························ 157

附录　采购常用术语 ·· 159

导读一　采购管理提升课程安排

第一章　采购与采购管理概述

- ☐ 采购认知
- ☐ 采购管理认知

　　　　　　　　　时间安排：

第二章　供应商管理

- ☐ 开发潜在的供应商
- ☐ 选择合格的供应商
- ☐ 培养优秀的供应商

　　　　　　　　　时间安排：

第三章　采购谈判管理

- ☐ 采购谈判的内容
- ☐ 采购谈判的流程
- ☐ 采购谈判的技巧

　　　　　　　　　时间安排：

第四章　采购合同管理

- ☐ 采购合同的形式
- ☐ 采购合同的签订
- ☐ 采购合同的执行

　　　　　　　　　时间安排：

第五章　采购订单管理

- ☐ 采购订单处理
- ☐ 采购订单跟踪

　　　　　　　　　时间安排：

第六章　采购数量控制

- ☐ 确定适当的数量
- ☐ 选择适当的数量

　　　　　　　　　时间安排：

导读一　采购管理提升课程安排

第七章　采购品质控制

- ☐ 确定适当的品质
- ☐ 供应商品质管理

时间安排：

第八章　交货期控制

- ☐ 规划交货管理
- ☐ 适当交期控制
- ☐ 交期延误处理

时间安排：

第九章　采购价格控制

- ☐ 确定采购价格
- ☐ 降低采购价格

时间安排：

第十章　采购成本控制

- ☐ 做好采购成本分析
- ☐ 采购成本控制方法

时间安排：

说明：以上PPT图片可供读者检测自学效果，培训老师也可将其作为课件使用。

导读二　采购管理学习指南

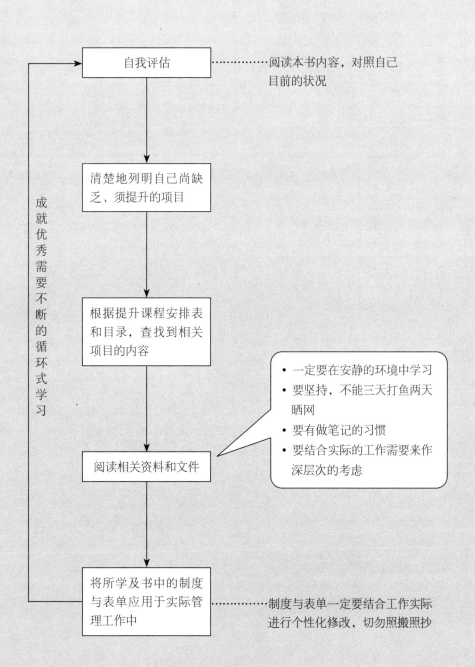

导读三　培训老师使用指南

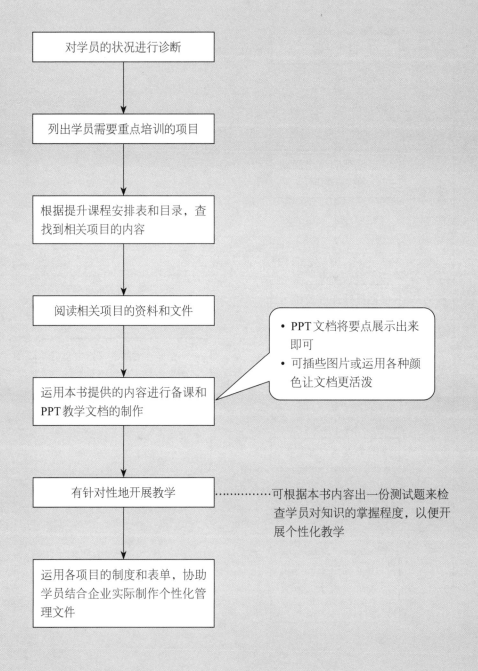

第一章

采购与采购管理概述

第一节 采购认知

采购，是指企业在一定的条件下从供应市场获取产品或服务作为企业资源，以保证企业生产及经营活动正常开展的一项企业经营活动。

一、采购的形式

1.根据采购物品的用途划分

根据采购物品的用途划分，可分为工业采购和消费采购，如图1-1所示。

工业采购：工业采购通常是指企业为了获取经营或生产所需产品和服务，而按一定价格从外部进行购买的业务活动。工业采购通常在一次采购以后便同供应商建立长期合作关系。工业采购是多人参与的一个程序化的过程，采购数量通常比较大，价格也相对稳定

消费采购：消费采购活动是个人行为，随意性较大，主要为满足个人需求，采购动机带有个人喜好，采购量也较小

图1-1 根据采购物品的用途划分

2.根据采购输出的结果划分

根据采购输出的结果来划分，可分为有形采购和无形采购，如表1-1所示。

表1-1 根据采购输出的结果划分

序号	分类	细分	说明
1	有形采购	原料	主要指直接用于生产的原材料，也是构成产品的最主要成分
		辅料	在产品制造过程中，除了原材料以外所耗费的材料均属于辅料
		机具及设备	主要指制造产品的主要工具或生产环节不可缺少的设施
		事务用品	事务用品主要指办公室人员在文书作业中所需的各类设施，包括文具、纸张及其他杂项

续表

序号	分类	细分	说明
2	无形采购	技术采购	指取得能够正确操作或使用机器、设备、原料等的专业知识和技能
		服务采购	为了服务、维护、保养等所进行的采购统称为服务采购。如空调的免费安装、电脑的装机调试均属于供应商提供的安装服务的范畴
		工程发包	工程发包包括厂房、办公室等建筑物的建造与修缮，空调或保温工程动力配线及仪表安装等

3.按采购数量大小划分

在采购过程中，根据采购数量的大小可分为开发采购和中试采购，如图1-2所示。

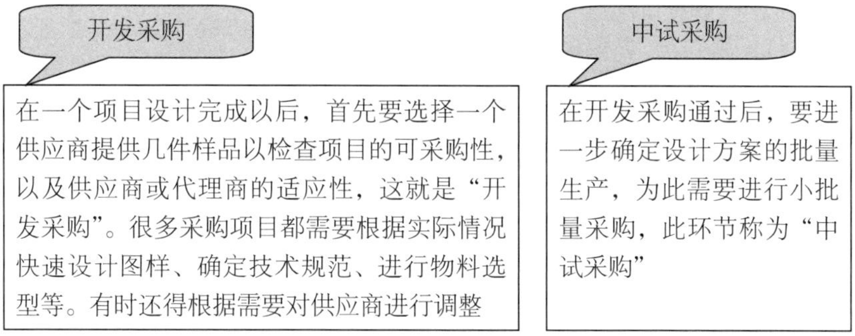

开发采购：在一个项目设计完成以后，首先要选择一个供应商提供几件样品以检查项目的可采购性，以及供应商或代理商的适应性，这就是"开发采购"。很多采购项目都需要根据实际情况快速设计图样、确定技术规范、进行物料选型等。有时还得根据需要对供应商进行调整

中试采购：在开发采购通过后，要进一步确定设计方案的批量生产，为此需要进行小批量采购，此环节称为"中试采购"

图1-2　按采购数量大小划分

4.其他类型

采购形式还可分为"设计型采购""组装型采购""包装型采购"。有些企业为了控制某一区域或某家产品的销售权，而将该产品的区域销售权买断，此类采购称为"代理型采购"；从开发商或代理商那里买来商品，然后再卖给往来客户或附近居民，该类采购称为"零售性采购"。

二、采购的方式

1.议价采购

议价采购是指基于专利或特定条件，向个别供应商进行采购的方式。不是公开或当众竞标，而是买卖双方面对面直接讨价还价。

（1）议价采购程序

① 就可能的供应商，寄发询价单，邀请报价。然后从收到的各家报价单中，排定优先次序，与供应商进行讨价还价，直到获得满意的供应价格，才办理订购手续。

② 价格方案。凡达到预期价格标准的商家，即可办理订购，不再进行讨价还价。常用物料的采购多用此法，以减少采购运作时间。

（2）议价采购的优缺点

议价采购的优缺点，如表1-2所示。

表1-2　议价采购的优缺点

议价采购的优点	议价采购的缺点
（1）节省费用：无需登报、制作标书，也无需事先统一条款，只需提出主要规格及数量，其余如交货期、包装、付款方式等细节，均可在议定价格时逐项明确 （2）节省时间：公开招标或比价需提前公告或通知，还需等待投标或给予厂商筹备时间，开标后还需对投标规范、条款及价格计算方式进行复杂审查，尤其当参与厂商众多时，往往难以当场决定。而议价方式则避免了这些烦琐过程，能显著节省时间 （3）减少失误，增强灵活性：议价过程中，双方可逐项面对面分析谈判，有效减少失误，一旦发现错误也能立即更正，无需重启招标流程；若需变更规格或提升品质，也可灵活调整原定底价，不必拘泥于最低价中标 （4）促进互惠关系发展：买卖双方可通过交易行为，开展其他互利活动，如产品互换、市场推广合作、技术交流共享、人力资源互补等	（1）价格偏高问题：在议价采购中，供应商会将物料生产的所有费用纳入考量，并期望获得一定的利润水平，这与比价或招标采购中供应商间因竞争激烈而由供求关系决定价格的情况不同 （2）信息更新滞后：议价采购通常采取事先个别通知的方式，而非公开征求，因此可能存在品质更优、成本或价格更低的供应商因未获通知而错失机会 （3）易产生不正当行为：议价过程往往涉及秘密协商，这可能导致议价代表受到对方利诱，或因特殊关系而做出不当承诺。同时，采购人员也可能因受到请托而面临较大的工作压力 （4）技术改进受限：在技术水准方面，由于供应来源有限，难以进行更广泛的比较，从而限制了有效的品质改进 （5）违背公平竞争原则：仅向少数供应商询价，剥夺了其他供应商参与公平竞争的机会

（3）议价采购适用的范围

基于前述优缺点的分析，下列状况比较适合采用议价采购，如图1-3所示。

2.比价采购

（1）比价的意义

采购物料或工程发包，已知只有少数厂家供应或具有承包能力，或基于政策考虑，事先拟定有关规范及条款，通知各有关厂商，定期参加竞标。因此，比价采购方式，除厂商数目有限外，其余都与公开招标无异。

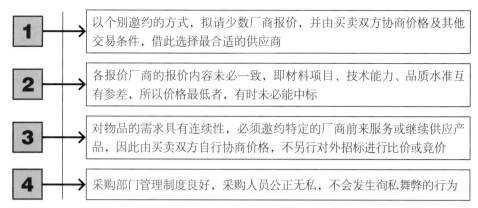

图1-3　适用于议价采购的四种状况

（2）比价采购的优缺点

比价采购的优缺点如表1-3所示。

表1-3　比价采购的优缺点

比价采购的优点	比价采购的缺点
（1）节省时间及费用：不需登报或公告，比较节省时间。又因为已知供应厂商，因而资料收集及规范设计等费用减少，工作量可大幅降低 （2）比较公平：因为需基于同一条件邀请厂商投标竞价，故机会均等 （3）减少弊端：比价虽可事先了解可以参加报价的厂商，但需通过竞争才能决定，可减少舞弊现象	（1）潜在风险：比价采购中可能存在串通投标的风险，厂商可能事先分配或轮流供应，从而无法实现真正的竞价或合理报价。此外，由于厂商规模不同，竞争力必然存在差异，可能导致大厂操纵市场。如果供应商分布广泛，且采购单位不预先公布参选厂商名单或进行选择性通知比价，可以在一定程度上减少这一弊端 （2）可能导致恶意竞价：虽然厂商通过报价竞标，但这一过程也可能引发恶意竞价现象 （3）规格差异问题：由多家厂商分配订单或轮流中标，可能导致产品规格存在差异，进而影响生产效率，增加损耗，并使维修工作更加困难

（3）适用范围

适用于比价采购的情形有四种，如图1-4所示。

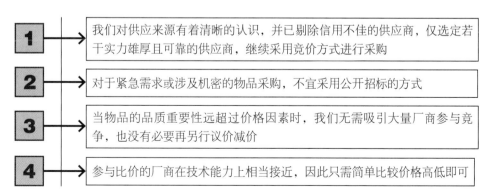

图1-4　适用于比价采购的四种情形

3.公开招标采购

公开招标是一种采购方式,事先明确规定了招标项目的相关规范,涵盖品质要求、报价方式、投标流程、运输安排、交货期限以及检验标准等。此方式公开邀请符合资格条件的厂商参与竞标,原则上需当众开标,并以符合所有规定且报价最低的厂商为优先得标者。

(1)公开招标作业阶段

公开招标作业须经图1-5所示五个主要阶段:

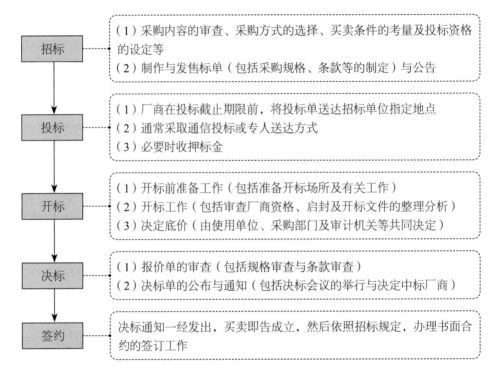

图1-5 公开招标作业的五个阶段

(2)公开招标的优缺点

公开招标的优缺点,如表1-4所示。

(3)公开招标适用情况

① 当供应来源不明确或分布广泛时,需通过公开方式通知所有潜在供应商,在指定时间内提交报价。

② 若过去采购的物品或工程与当前拟采购的物品或工程在使用或维修上无关联性或一致性要求,则公开招标更适用于标准化的产品或服务。

③ 在自由竞争的市场环境中,公开招标能以较低价格获取所需物品,同时有效遏制徇私舞弊,防范采购过程中的弊端。

表1-4 公开招标的优缺点

公开招标的优点	公开招标的缺点
（1）公平性：公开招标确保所有合法且符合标单资格、具备供应能力和意愿的厂商，都能在公平竞争的条件下，享有以最低价中标的权利与机会 （2）价格合理性：由于公开竞争机制，各厂商需凭借其实力（如规格符合、成本控制）来争取合约，而非以人为因素或特别限制影响售价，因此价格相对更为合理 （3）品质提升：公开投标促使各竞标厂商展示不同的产品规格或施工方法，这不仅让需求者了解当前的技术水准与发展趋势，还能激发厂商间的良性竞争，从而促进产品品质的提升 （4）减少腐败：所有资料公开透明，有效限制了办理人员的徇私舞弊行为 （5）拓宽供应渠道：通过公开招揽的方式，可以吸引更多厂商参与报价，从而扩大供应来源，增加采购的选择性	（1）采购成本高：公开登报、标单制作与印刷、开标场所布置等均需投入费用及人力支持；若发生流标或废标情况，成本将更高 （2）可能引发串标：对于金额较大的采购项目，供应商之间可能相互勾结，进行不实报价或任意抬高价格，给采购方带来困扰与损失 （3）可能导致恶意抢标：当供应商急于变现现货、因串标未遂而情绪化报价、享有特权保护或出于销售策略考虑而使报价低于合理价格时，可能引发恶性抢标，进而带来偷工减料、交货延误等风险 （4）手续复杂烦琐：从标单设计到签约，每个阶段都需要精心准备，不容出错，否则可能引发纠纷。由于必须严格遵循既定程序，因此可能显得过于僵化，缺乏灵活性 （5）规格差异问题：若每次采购都由不同厂商中标供应物料，其规格必然存在差异，这可能影响使用或制造效率，增加损耗，并使维修工作更加困难 （6）其他问题：对投标厂商事先难以进行充分有效的资信调查，可能导致意想不到的问题发生，如供应商倒闭、转包等。此外，招标人员可能泄露底价以谋取私利

三、采购的5R原则

物料采购的基本原则，就是人们常提到的5R，即适时（Right Time）、适质（Right Quality）、适量（Right Quantity）、适价（Right Price）、适地（Right Place）地从供应商手中购买到生产所需要的材料。

1. 适时（Right Time）

企业已安排好生产计划，如果原材料不能如期到达，往往会引起企业内部混乱，生产线必须停工待料，不能完成生产计划，并延迟交货期，引起客户不满。如果原材料提前太久购入存放在仓库内等待生产，又会造成库存太多，大量积压采购资金，这是企业很忌讳的事情，所以，采购人员要扮演好协调者与监督者的角色，去促使供应商按预定时间交货。对企业来讲，交货时机很重要。

2. 适质（Right Quality）

一位优秀的采购人员，应该身兼精明的商人和合格的品质管理人员双重角色。因为一方面，采购人员要以最便宜的价格买到企业生产所需要的品质优良的物料；另一方面，采购人员要不断地去推动那些长期合作的供应商去完善其品质管理体系，来提供质量更加稳定的物料。

（1）来料品质不良的后果

采购的物料因为品质不良等原因，可能对企业造成以下后果，如图1-6所示。

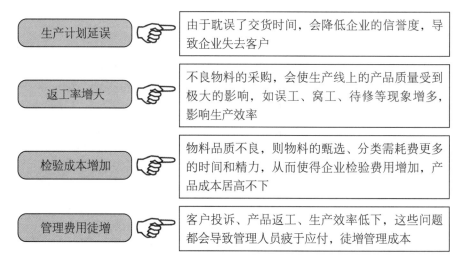

图1-6　来料品质不良的四大后果

（2）适当品质的特点

适当品质的物料，要具有以下特性，如图1-7所示。

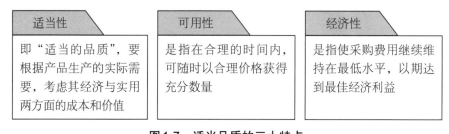

图1-7　适当品质的三大特点

3.适量（Right Quantity）

物料采购，是一次性采购还是分批采购？采购人员要对生产需求、物料损耗、搬运和仓储费用等进行仔细地计算，并制订周密的采购计划，最终确定究竟采用哪一种采购方式。

批量采购虽有可能获得一定折扣，但会积压采购资金，所以合理确定采购数量相当关键，一般应按经济订购量订购，采购人员不仅要监督供应商准时交货，还要强调按订单数量交货。

4. 适价（Right Price）

适价是指采购所需的物料，在满足数量、质量、时间的前提条件下，支付最合理的价格。

价格始终是采购活动的核心敏感点，企业在采购管理中最为关键的一环便是如何最大限度地节约采购资金。因此，采购人员必须投入大量时间和精力在与供应商的议价过程中。物品的价格受多种因素影响，包括物品类型、是否为长期或大量购买、市场供求状况，以及采购人员对市场动态的熟悉程度。若采购人员未能准确把握市场趋势，供应商在报价时可能会有所隐瞒或误导。要获得一个合适的价格，通常需要经过以下几个步骤的努力：

（1）多渠道获取报价

这不仅要求向已有合作关系的供应商询价，还应积极邀请新供应商参与报价。尽管企业与某些供应商的合作可能已持续多年，但他们的报价并不一定最具优势。通过多渠道获取报价，企业可以对物品的市场价格有一个大致的了解，并进行对比分析。

（2）比价

俗话说"货比三家"，尤其对于专业采购而言，可能涉及的是价值百万元、千万元的设备或年采购金额巨大的零部件。这就要求采购人员必须谨慎行事。由于供应商的报价单中可能包含不同的条件，采购人员需要将这些条件转化为一致的标准后再进行比较，以确保比较结果的真实性和可信度。

（3）议价

经过比价环节后，筛选出价格相对合理的供应商进行深入沟通。这不仅可以详细传达采购要求，还可以进一步争取价格优惠。

（4）定价

经过上述三个环节后，买卖双方达成一致的价格便成为日后的正式采购价。为了保持价格竞争力和供应稳定性，一般应保留2～3个供应商的报价。这些供应商的价格可能相同，也可能有所差异。

5. 适地（Right Place）

采购人员在选择试点供应商时最好选择近距离的供应商来合作。近距离供货不仅使得买卖双方沟通更为方便，处理事务更快捷，也可以降低采购物流成本。

许多企业甚至在建厂之初就考虑到选择供应商的"群聚效应"，即在周边地区能否找到企业所需的大部分供应商，这对企业长期发展有着不可估量的作用。

小提示

在实际采购工作中很难同时满足上述"5R"中的各个方面，有时候为了满足某些方面，必须牺牲其他方面。例如，若过分强调品质，供应商就不能以市场最低价供货，因为供应商在品质控制上投入了很多精力，他必然会把这方面的成本转嫁到客户身上。因此，采购人员必须纵观全局，准确地把握企业所购物品各个方面的要求，以便在与供应商谈判时提出合理要求，从而争取有更多机会获得供应商的合理报价。

四、采购的业务流程

一个完整的采购过程，大体上都有一个共同的模式。企业采购大体上要经历以下流程，如图1-8所示。

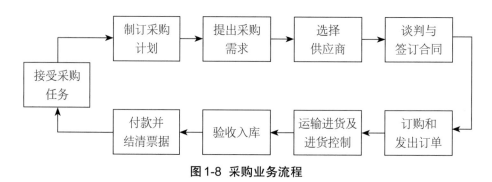

图1-8 采购业务流程

1. 接受采购任务

接受采购任务是采购工作的任务来源。通常是企业各个部门把采购任务报到采购部，采购部把所要采购的物资汇总，再分配给各个采购员并下达采购任务单。有时是采购部根据企业的生产销售任务情况，主动安排各种物资的采购计划，给各个采购员下达采购任务单。

2. 制订采购计划

采购员在接到采购任务单后，要制订具体的工作计划。首先是进行资源市场调查，包括对商品、价格、供应商的调查分析，选定供应商，确定采购方法、采购日程计划以及运输方法、货款支付方式等。

3. 提出采购需求

采购需求主要包括以下几个方面。

（1）规格、图样和采购文件。这些内容要能够准确地对采购产品作出规定，同时也能使供应商的理解准确无误。

（2）对采购产品的需求。要准确地规定产品的类别、形式和等级，详细地制定产品的检验程序和规范。

（3）明确主要的控制环节。即规格、图样和采购文件的编制、审批和发放。

（4）提供完整的采购文件。包括采购合同、图样、标准、样品和技术协议书等。

4.选择供应商

对于供应链中的供应商，企业可以直接将采购信息传递给对方。而对于非供应链中的供应商，采购部门可以利用网络商务平台，将生产所需物料的供应商罗列出来，找出质量好、价格低、费用省、交货及时、服务周到的供应商。

5.谈判与签订合同

要和供应商反复进行磋商谈判，讨论价格、质量、货期、服务及风险赔偿等各种限制条件，最后把这些条件用合同形式规定下来，形成订货合同。订货合同签订并经双方签字盖章以后，交易才能进行。

6.订购和发出订单

在签订采购合同后，就可以发出订单。有时采购合同就是购货订单。通常在常规采购中，如果对物料有长时间的需求，只要就合同进行滚动式谈判，购货订单按照合同发出即可，在这种情况下，订购和发出订单是各自独立的活动。

如果企业采用MRP采购，MRP系统会根据生产量、库存量确定需要量，当库存量低于一定水平时，MRP系统会根据原料数量和购货申请制订出物料需求计划，提出订什么货、什么时候订、订多少数量的解决方案。MRP采购非常适合加工、制造、装配企业使用。

向供应商发出购货订单时，要详细、具体地说明有关信息，购货订单内容包括订单编号、产品简要说明、单价、需求数量、交货时间、交货地址等，当然这些数据在采供双方结成密切合作伙伴关系的前提下可以实现数据的实时输送和共享。

7.运输进货及进货控制

订货成交以后，就要履行合同，开始运输进货了，可以由供应商运输，也可以由运输公司运输或企业自行提货。采购员要督促、监督进货过程，确保按时到货。

8.验收入库

采购人员要配合仓储部门按有关合同规定的数量、质量、验收办法、到货时间做好验收入库工作。财务部门应按入库单及时付清货款,对违反合同的要及时拒付或提出索赔要求。

9.付款并结清票据

付款是供应商最关心的问题,如果采购方对到期应付的货款找理由拖延,必然会引起供应商的不满,严重的还会导致供应商停止供货,甚至付诸法律。付款虽然是财务部门的工作,采购部门也要加以协助,因为供应商的货款被拖欠时,供应商往往找采购人员进行投诉。

第二节　采购管理认知

一、什么是采购管理

采购管理是指企业在实施采购活动的过程中,对采购需求的预测、供应商的选择、采购合同的签订、采购订单的处理以及物料的接收等全过程进行有效的组织、计划、协调和控制的过程。

采购管理和采购不是一回事。采购是一种作业活动,是为完成指定的采购任务而进行的具体操作活动,一般由采购员承担。其使命,就是完成具体采购任务;其权利,是能调动采购部分配的有限资源。

采购管理是管理活动,是面向整个企业的,不但面向企业全体采购员,而且也面向企业其他人员(进行有关采购的协调配合工作)。其使命,就是要保证整个企业的物资供应;其权利,是可以调动整个企业的资源。

二、采购管理的目标

采购在企业中占据着非常重要的地位,因为购进的原料和辅料的价值一般要占到最终产品销售价格的40%～60%。所以,采购管理非常重要,其主要目标如下。

(1)提供不间断的物料流和物资流,从而保障企业运行。

(2)使库存占用资金和损失尽可能少。

(3)保持并提高产品质量。

（4）开发有竞争力的供应商。

（5）当条件允许时，将所购物料标准化。

（6）以最低的总成本获得所需的物资和服务。

（7）提高企业的竞争力。

（8）协调企业内部各职能部门间的协作。

（9）以最低的管理费用完成采购目标。

三、采购管理的基本职能

采购管理的基本职能涵盖了企业为确保运营所需物资和服务的有效获取、控制和管理而开展的一系列活动。这些职能旨在优化成本、提高效率、确保质量和达到战略目标。图1-9是采购管理的一些基本职能。

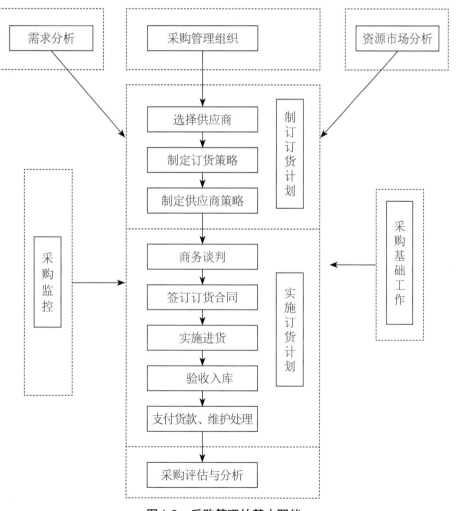

图1-9 采购管理的基本职能

1. 采购管理组织

采购管理组织，是采购管理最基本的组成部分，为了搞好企业繁杂的采购管理工作，需要有一个合理的管理机制和一个精干的管理组织机构，同时配备一些能干的管理人员和操作人员。

2. 需求分析

需求分析，就是要弄清楚企业需要采购什么品种、需要采购多少数量、什么时候需要等问题。作为整个企业的物资采购供应部门，应当掌握全企业的物资需求情况，从而为制订出科学合理的采购订货计划做准备。

3. 资源市场分析

资源市场分析，是指企业根据所需求的物资品种，分析资源市场的情况，包括资源分布情况、供应商情况、品种质量、价格情况、交通运输情况等。资源市场分析的重点是供应商分析和品种分析，分析的目的是为制订采购订货计划做准备。

4. 制订订货计划

制订订货计划，是指根据需求品种情况和供应商的情况，制订出切实可行的采购订货计划，包括选定供应商、供应品种、具体的订货策略、运输策略以及具体的实施进度计划等。具体解决什么时候订货、订购什么、订多少、向谁订、怎样订、怎样进货、怎样支付等一系列问题，为整个采购订货规划一幅蓝图。

5. 实施订货计划

实施订货计划，是指把以上制订的订货计划分配落实到人，根据既定的进度实施，具体包括联系指定的供应商、进行贸易谈判、签订订货合同、运输进货、到货验收入库、支付货款以及维护处理等。通过具体的活动，完成一次完整的采购活动。

6. 采购评估与分析

采购评估与分析，是指在一次采购完成以后对这次采购的评估，或月末、季末、年末对一定时期内的采购活动的总结评估。主要在于评估采购活动的效果、总结经验教训、找出问题、提出改进方法等。通过评估与分析，可以肯定成绩、发现问题、制定措施、改进工作，不断提高采购管理水平。

7.采购监控

采购监控是指对采购活动进行的监控,包括对采购的有关人员、采购资金、采购信息、采购事务活动的监控。

四、采购管理运作模式

采购管理的运作模式主要包括表1-5所示几种。

表1-5　采购管理运作模式

模式	定义	特点
集中采购模式	由企业总部或专门的采购部门统一进行采购决策,所有部门或分支机构的采购活动都必须通过总部或该部门进行	该模式可以实现规模经济,降低采购成本,提高采购效率,缩短采购周期,减轻企业内部各部门的采购负担,但可能导致对市场需求反应不灵敏
分散采购模式	各部门或分支机构根据自身需求自行进行采购	该模式可以更好地满足不同部门的需求,使采购更具灵活性,能够快速响应市场需求。但可能增加采购成本,容易出现重复采购、价格较高等问题
混合采购模式	集中采购与分散采购相结合,由采购部门统一采购部分物资,各部门自行采购部分物资	结合了集中采购和分散采购的优点,可以根据企业的实际情况和需求进行灵活调整
委托采购模式	企业委托专门的采购服务机构或个人进行采购活动	可以减轻企业本身采购管理的工作量,借助采购机构的采购经验和资源,提高采购质量和效率,降低采购成本。但可能存在采购后期管理难度大等问题,需要进行风险评估
电子采购模式	以互联网技术为基础实现的采购模式,包括在线采购、电子招标等方式	可以解决传统采购中人力和资源浪费的问题,加快采购流程,提升企业的采购效率。同时,电子采购系统还包括了供应商管理、流程审批、需求计划制订等功能,大大降低了企业的采购安全风险。但需要企业具备相应的信息技术支持和网络安全保障
联合采购模式	多个企业或多个部门联合采购同一商品或服务的一种采购管理模式	可以减少采购成本,提高采购效率,缩短采购周期等。同时,联合采购模式也能够降低采购风险,提高采购的规模和竞争力。但企业间合作难度大,可能出现重复采购等问题
定制采购模式	将企业或部门对商品或服务需求的详细描述发放给供应商,由供应商参照企业或部门需求进行生产或提供的一种采购管理模式	能够满足个性化的需求,提供高品质的商品或服务

续表

模式	定义	特点
竞争性采购模式	根据市场规则，在供应商之间公开竞争并在评审结果后选择出标的物，并通过竞争性谈判达成价格协议的一种采购管理模式	能够最大限度地降低采购成本，而且采购结果公开透明，既保证采购品质，又能保护采购流程的公正公平
综合采购模式	根据企业或部门的具体情况，综合运用上述各种采购模式，采取有效的组合方式进行采购的一种采购管理模式	可以根据企业或部门需求的不同情况，有效地综合采取具体的采购方案，提高采购效率，降低采购成本

综上所述，采购管理的运作模式多种多样，企业应根据自身的实际情况和需求选择合适的采购模式，并不断进行优化和创新以适应日益激烈的市场竞争环境。

第二章

供应商管理

第一节　开发潜在的供应商

潜在供应商是指有能力向采购人提供符合其特定技术规格要求的货物、工程和服务的法人、其他组织和自然人。也就是说，当采购人就特定采购项目发出采购需求要约后，所有有能力应约的供应商都是潜在供应商。

一、选择供应商前的布局规划

为了长远的发展或在供应链上更有保障，采购员应对供应商的地理位置布局、各行业供应商的数量、各供应商在其本行业中的规模等内容做一份详细的规划，便于采购工作更有方向性和目标。具体的规划内容如图2-1所示。

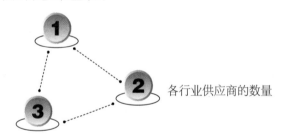

图2-1　选择潜在供应商之前布局规划的内容

1.供应商地理位置布局

供应商地理位置布局是指企业与供应商在地理上的分布状态。一般来说，供应商的生产基地最好在企业的附近；若生产基地较远，一般可以与供应商协商沟通，让其在企业附近设一个仓库。

2.各行业供应商的数量

各行业供应商的数量是指对于具体材料，需要多少个供应商，如用得较多的材料，为了可以形成良性的竞争机制，一般要选择三个以上的供应商。在做规划时一般要对本企业的材料进行分析，对每一类材料要在一定时期内选定几个主要的供应商，其他供应商也要下一些订单，用来维持关系，同时还能以备急用。

3. 各供应商在其本行业中的规模

在选定供应商的规模时，一般也讲究"门当户对"，即大企业的供应商最好也是相对大型的企业，至少也应是中型企业；而中型企业的供应商一般都为相对中型的企业，如选择相对大型的企业，则不利于企业对供应商的方针与策略的把控，但也不宜选择"家庭作坊"式的企业，这样难以保证品质。

 相关链接

搜索潜在供应商的途径

1. 互联网

互联网是最经济、最快捷、最简单、运用最广的途径，无论是搜索引擎、各类专业B2B（企业对企业电子商务）网站、网络展销会，还是当下各种新媒体，都可以用于供应商开发，互联网改变了传统供应商开发模式及合作模式，但由于网络虚拟性及互联网的逐利性，采购员必须重视风险管理，同时通过其他手段补充认证，避免因互联网虚假信息而错选供应商渠道，影响企业供应商开发工作。

2. 资源关系网

资源关系网目前也是大家常用的搜索渠道，基于资源的集聚性，从企业主或采购人员自身关系网（如行业产品平台、采购资源群等）也可以寻找到相关且优秀的供应商。

3. 竞争对手供应商

正所谓"知己知彼，百战百胜"，紧盯行业竞争对手，从竞争对手产品中分析物料品牌供应商资源同样也是目前常用的方法，主要针对各行业中市场占有率高的较强竞争对手，企业可以结合自身实际条件与供应商合作，提高竞争力。

4. 产品展会

参加展会是很多知名企业提升品牌竞争力的一种方式，也是国际采购职业人开发供应商的标准模式。一般传统的企业采购人员也会参加很多展会（如：广州国际照明展览会、中国国际高新技术成果交易会、中国香港秋季电子产品展、上海家具展等），获得供应商开发渠道。

相关产业链有需求的用户都可以参展，同时采购人员也可参加展会，现场了解并搜索相关的供应商资源。

5. 招标采购

采购员以招标公告方式通过招标平台或者其他公开渠道向社会公开发布采购需求，吸引潜在供应商参与，通过法定的招标程序进行评选，选择适合的供应商。这是一般上市企业、国企及大规模的企业与政府采购用得较多的一种供应商开发渠道。但招标采购不是所有物料都适用，而是适用于一次性采购，或者有清晰明确的标准并且潜在供应商较多的物料采购，以及对采购周期的时间要求不是非常紧迫的物料采购。通过招标采购开发供应商一定要有清晰明确的供应商资质评审要求，并且要求供应商提供相关的资质证明文件以证明其资质能够满足企业要求。如果开发的新供应商成为中标供应商，也要注意后期管理和风险控制。

6.企业网站及微信公众号平台宣传

通过市场宣传的方式，企业将自身的采购需求在企业网站进行公布，授权相关方进入采购平台对接接口并提供相关企业资质，以吸引潜在供应商报价，也是目前常用的一种搜索渠道。

7.厂商介绍

作为采购人员，每天一定有大量主动电话联系或上门推荐的销售人员，这有利于初步了解供应商信息，所以不要排斥这种方式，应该做好相关记录，因为这也是采购最常用的开发供应商的渠道之一，也许优质供应商就在眼前。

8.行业协会

随着市场竞争越来越激烈，很多行业都会成立行业协会，整合资源，抱团共进。行业协会掌握了大量同类企业的名录，并掌握了相关企业的经营状况，这也是企业选择优质供应商的渠道。

9.内部员工推荐

企业内部员工介绍供应商也是采购人员经常会碰到的，当然这要求采购人员坚持公平公正的原则，选择具有竞争优势的供应商，避免因内部关系导致供应商开发标准执行不到位。

10.竞价

企业采购方通过竞价方式，选择符合企业自身要求的供应商，制定订单份额管理策略，吸引供应商参与竞争，并选出最佳供应商分配订单份额。

11.供应商介绍

采购方也可向已合作的供应商寻求资源推荐，这也是一种搜索渠道。

12.供应商调查表

采购方要求供应商填写供应商调查表时，可要求供应商填写自认为的竞争对手供应商，采购方可根据相关信息开发供应商。

13.采购指南

一般具有专业特性的传统采购媒体至今仍然适用，特别是某些专项领域（如钟表行业、纺织行业、石油行业、照明行业等）都有其领域内的采购指南，可作为采购人员选择供应商的一种渠道。

14. 产品发布会

采购员应经常关注这种产品发布会，尤其是品牌影响力大的企业应经常将此作为市场推广方式，这也是开发供应商的渠道之一。

15. 新闻媒体

如报纸、杂志、广播、电视等传统媒体，仍然是某些专业领域或垂直细分领域获得供应商信息的一种渠道。

16. 商会

商会也是目前大多数企业参与的组织形式，其中汇聚了以行业或者地区为代表的优秀供应商，如中国台湾商会、四川商会、江西商会、湖北商会等。

17. 政府组织的各类商品订货会

由当地政府组织的，或者带有政府特色的产品订货会，一般具有国家特性或区域特性及文化特性，如由辽宁省商务厅和各市人民政府主办的辽宁特色产品采购订货会。企业可以根据自身情况参加，寻找合适的供应商。

18. 政府相关的统计报告和刊物

政府每年都有相关统计报告和刊物，也可以寻找到当前优质的典型供应商代表。

19. 专业的第三方机构

第三方采购或信息平台，已成为很多专业采购团队或数据信息共享服务提供商的首选，有大量的供应商资源可供企业选择，甚至也可满足企业一些个性化采购需求，第三方机构也能做出合适的推荐。这也是目前较为常用的一种开发方式。如PSCC（采购与供应链专家会）为企业提供评估与认证服务，收集了不少优秀供应商资源。

20. 竞赛

在一些细分领域，采购方可通过一些竞赛的方式，吸引供应商参与，再从中选择自己中意的合作者。

21. 在线商品交易所

一些物料采购市场形成了成熟的在线商品交易所，企业可登录这些平台寻找供应商，如上海有色网、LME（伦敦金属交易所）等。

22. 定制

有些产品的原材料高度个性化，需求特殊，需求量大，很难找到专门的供应商生产，此时采购方可考虑通过有能力的供应商进行专门定制。如某知名电源企业，其电源的原材料选择定制产品，定制开发受专利保护。

23. 客户供应商

该方式较多用于OEM（原始设备制造商）代工，采购方可借助客户的供应商渠道，寻找到源头，整合优化，找到适合企业自身的供应商。

24. 产品批发市场

这种方式针对一些细分行业领域（如服装行业），采购方可通过产品批发市场寻找到适合的产品供应商。

当然，在全球化竞争背景下，随着信息技术与大数据的发展，供应商开发也有更多的搜索渠道，从而也更加考验采购人员的智慧，供应链资源整合尤为重要，人们常说拥有资源的多少并不重要，如果不懂得利用，资源永远都是不够的！

所以，作为供应商开发的基础工作，采购人员日常的信息渠道梳理、信息收集整理分析就显得非常重要，这部分工作做好了，在遇到开发需求时就能够快速找到开发对象和资源渠道，迅速进入实质性的开发流程，而不会大海捞针似地浪费宝贵时间。

二、收集潜在供应商的资料

为了能全方位了解与考察潜在供应商，采购员应着重收集供应商以下方面的资料。

1. 管理能力

对于管理能力，采购员应主要了解表2-1所示的几个问题。

表2-1　了解管理能力的几个问题

序号	应了解的问题	具体说明
1	供应商的管理者如何？工作是否有效？对企业的合作是否感兴趣？	要了解供应商，可以给他们寄询问表，征求他们的意见，同时，限他们在规定的时间段内回复。那些对企业的提议感兴趣的供应商就会在短期内给企业答复，同时还会有高级经理的亲笔签名。而那些对企业不感兴趣的供应商会拖得很晚才给企业一个答复，而且随便签上一个助手的名字便打发了事
2	供应商的组织结构如何？是否存在一个质量管理实体？质量经理对谁负责、向谁汇报工作？质量经理以前是不是生产部经理？质量管理人员会像保护自己公司那样维护客户的利益吗？	如果能到供应商的公司参观，一定要留意管理者的办公环境。如果文件在桌子上和椅子上堆得老高，如果办公室总是不断地有喧闹和混乱的场面，可以肯定，你的合同也会困难重重

续表

序号	应了解的问题	具体说明
3	管理者的经验如何？他们在签错文件的时候是不是很慌乱？或者他们能够直截了当地面对问题并很好地解决它们吗？	这需要花上一段时间和他们相处，否则很难直接作出判断
4	管理人员的态度如何？他们是否相信犯错误是不可避免的？或者他们是否能证明自己的大脑中有"缺陷预防"的理念？他们是否赞同"零缺陷"的工作哲学？	如果供应商的管理人员是积极的，认为履行合同应以一定数量的花费为限，应按照原定进度进行，同时仍然能够生产出符合要求的产品，那么这个供应商是可以考虑的

2.对合同的理解能力

只有一种方法能保证签订合同的双方都能对合同有恰当的理解：双方同时坐下来逐字逐句地研究，对每一项规格要求、每一类装运要求、每一种单据要求进行讨论。这样双方才能达成真正意义上的意见一致。

> **小提示**
>
> 买卖双方必须建立一种适宜的沟通渠道，一切相关事宜最好都以书面形式表达出来。因为双方的人员都会有变化和流动，所以书面文件尤为重要。

3.设备能力

在为企业生产产品时，供应商会使用什么设备？机器或工艺程序是否已具备？它们会不会同时短缺？这一切，考察者都有权知道。

4.过程策划能力

过程策划应该包含一些小的事件，应该具有能够解决许多小问题的秘诀，这些小问题虽然单独看来似乎无足轻重，合在一起却往往决定计划的精确度。采购方要确认供应商对每一个过程在付诸实践之前，能够让质管部门满意，有持续的评审流程，以确保该过程顺利完成。

5. 产品衡量和控制能力

在供应商的工厂中，产品不符合要求的程度是什么样的？是否知道问题出在哪里？是否能预测下一批产品的情况？

错误的代价是金钱。返工和报废的成本最终将由企业承担，所以应该把重心放在"缺陷预防"上。即使有时候不能预防某种缺陷的首次出现，但可以确切地预防它的再次发生。

一家等到产品已经下线才去衡量其标准的符合程度或表现的工厂，并不是管理有道的工厂。当然，起码应该有一个记录检验和测试的机构用来发现不符合项，通过有针对的生产缺陷管理来消除问题和错误，工厂便可以用较小的成本生产出符合标准的产品，而且，这种随时记录的方法也便于不断地检查。

6. 员工技术能力

技术工人，就是能通过某种方式证明自己具有干某项工作的能力的人。确定企业的供应商是否有合格技术工人的最好方法，是要求供应商指定一些代表人物，然后与这些人进行谈话并检查他们的工作，观察他们怎样操作工具，以及怎样看待工作环境。这将使采购员对他们在车间工作的能力有一个大体的了解。

7. 采取纠正措施的能力

直接面对供应商，询问他们发现一些事情做错时的处理方法，他们如何能使这类事件不再发生，以及他们是否真正在意这类事件。再回过头去，检查曾经出现问题的地方，看是否已经采取了改正措施。

8. 以往绩效的记录能力

企业以前和他们做过生意吗？他们的经营状况如何？造成不良绩效的原因是什么？采购员应记录下供应商以往所创造的绩效。

如果采购员按上面这几个步骤对备选供应商进行评估，将很快在头脑中形成对供应商能力的评价。

三、全方位了解供应商

1. 研究供应商提供的资料

每一家供应商都想尽快把自己推销出去。作为企业宣传策略的一种，供应商会印制一些宣传资料,通常都是一些精美的图表画册。为了获得更多的订单,供应商会把介绍自己的资料提供给有采购意向的企业。这样,企业就会拥有大量的相关资料。采购员应仔细研究各个供应商提供的宣传材料,大致确定可以进一步接触的供应商。

2. 向有意向的供应商发放调查问卷

调查问卷是一种应用范围很广又很有效的调查工具,只是应用起来比较烦琐,需要耗费大量的人力、物力和时间。采购员可根据所处行业的物品供销情况,设计出详细的调查问卷,发放给有意向的供应商,并根据调查问卷的回答来确定被调查的供应商实力如何。但是,如果只向供应商发放调查问卷,则所获得的信息不能确保其真实性。有些供应商为了凸显自己或是为了获得订单,并不如实回答问卷,从而使获得的信息失真。在这种情况下,就要将这种方法与其他方法结合起来使用,或者向与供应商有接触的其他合作企业发放问卷请求合作。供应商调查问卷如表2-2所示。

表2-2 供应商调查问卷

日期:

致:	发出:	调查编号:	表格编号:
公司名称:		调查人员及职位:	
地址:		邮编:	
电话:		传真:	
创立时间:		厂房面积:	
总人数:		管理人员数:	
技术人员数:		品管人员数:	
主要客户:			
生产能力:			
计量仪器校正情况:			
新产品开发能力: □能自动设计开发 □只能开发简单产品 □没有自行开发能力			
品质系统已建立如下条件: □品质手册、程序文件 □作业指导书 □检验标准 □工程图纸			
采用并已通过认证的国际安全标准:			
采用的工艺标准:			
员工培训情况: □经常正规地培训 □不经常开展培训			
交货品质出现异常时联系人:		品质最高管理负责人:	
公司其他优点:			

续表

可以提供的文件： □ ISO（国际标准化组织）认证书　　□ 安规证书　　□ 品质手册 □ 程序文件　　□ 作业指导书　　□ 检验标准 □ 组织架构图　　□ 检验设备汇总　　□ 检验指导书
调查方式： □ 现场检验　　□ 电话查询　　□ 邮件查询回复
评估结果：□ 合格　　□ 不合格
公司负责人签名：　　　　PU（产品负责人）签名：　　　　填写人签名：

3. 实地考察供应商

为了更好地了解供应商的情况，如果有可能的话，企业应该实地考察供应商。这种做法的主要目的有两个，如图2-2所示。

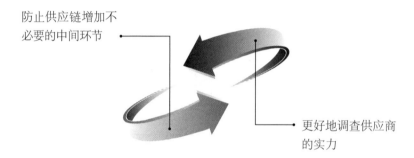

图2-2　实地考察供应商的目的

4. 向其他相关人员了解

企业可以充分利用拥有的人力资源向曾经供职于供应商但现在已经离开的员工了解供应商的实际情况。这种方法所获得的信息甚至比实地考察更有价值，但是采用该方法时要避免触犯法律，以防范可能触发的不正当竞争指控。

> **小提示**
>
> 考察供应商需要投入人力，因此会增加企业成本。对于符合下列条件的供应商，可不必考察，简化流程，直接加入录用名单。
> （1）凡质量管理体系通过第三方认证的供应商，不必对其质量保证体系进行考察。
> （2）其生产的产品经过国际、国内认证合格的，不必考察该供应商。
> （3）被同行业其他大客户列入"合格供应商名单"的供应商，可不予考察。

四、对供应商进行比较

对纳入考察的供应商进行比较，比较的内容包括：单价、交期、付款方式、工艺水平、品质保证能力、服务质量、财务状况、技术水平等。可以运用表2-3所示的格式。

表2-3 供应商考察比较表

材料名称： 规格： 单位： 日期：

项目	供应商		
单价			
交期			
发货地点			
付款方式			
包装方式			
不良品处理			
品质保证能力			
工艺水平			
服务质量			
财务状况			
技术水平			
总评	□采用 □列入考虑 □不予采用	□采用 □列入考虑 □不予采用	□采用 □列入考虑 □不予采用
备注			

编制： 审核： 批准：

五、建立供应商资料库

对于供应商的资料，应建立一个相应的资料库，而且这些资料要随着情况的变化进行动态性的增删。建立供应商资料库通常会用到供应商资料卡，如表2-4所示。

表2-4 供应商资料卡

日期： 年 月 日

项目		公司	工厂		
名称	中文				
	英文				
地址					
电话					
负责人					
公司概况			工厂概况		
设立时间			工厂规模	土地____平方米，厂房____平方米	
统一社会信用代码			主要产品	品名	日（月）产量	比率/%
所属协会或团体						
注册资本						
组织方式	□独资 □合资 □民营					
往来银行			生产设备	名称	数量/台	
主要客户	公司名称	采购产品	比率/%			
主要材料来源	材料名称	供应商		仪器设备	名称	数量/台
公司及负责人印鉴		统一发票使用章	员工状况	管理者人数 人	员工人数 人	
				部门	负责人	主办人
				技术		
				品管		
				营销		
经营方针			将来计划			

第二节 选择合格的供应商

采购员在选择供应商时,需要对诸多共同的因素,如价格、品质、企业信誉、售后服务等进行考察和评估。

一、供应商评估要点

企业在对供应商进行评估分析时,应考虑的主要因素有图2-3所示的六点。

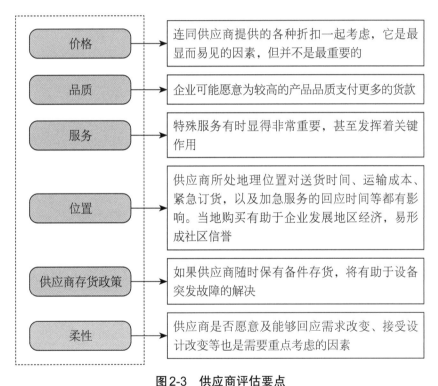

图2-3 供应商评估要点

表2-5所示是某企业的供应商调查评估表。

表2-5 供应商调查评估表

☐ 初评　　　　　　☐ 复评　　　　　　　　　　　编号:

供应商名称:		评估日期:___年___月___日	
电话		传真	
公司地址			
负责人			

续表

经营/生产项目					
调查项目	调查内容	劣 1～3分	可 4～6分	佳 7～10分	得分
设备	设备是否自动化、合理化				____分
	是否建立了设备保养制度				____分
产能	配合企业需求的潜在能力如何				____分
	每日产量如何，生产管理是否适当				____分
交货期	达标率是否符合企业要求				____分
	对企业急货要求的达标率是否符合				____分
协调性	能否接受企业质量要求及品管程序指导				____分
	能否接受企业质量异常反馈				____分
质量系统性	是否有进料、制程及成品检验程序				____分
	是否有仪器检校制度（测量系统分析）				____分
总评：□ 合格供应商 　　　□ 不合格供应商 　　　□ 交货试行三个月及辅导改善三个月后再复评					

评审小组：　　资材：　　品管：　　品管审核：　　工程核定：　　工程：

二、比价和议价

采购员需对送样或小批量合格的产品评定品质等级，并进行比价和议价，确定一个最优的性价比。对旧产品来说，参照以往的采购单价及交易条件进行比较。对新产品和样品来说，可经工程、品管测试小批量采购后，结合供应商现场考察情况，对产品品质、交货期进行比较，选择最优的供应商。

1. 比价方法

比价是指把供应商现在的报价与供应商过去的报价、供应商商品的成本，以及其他供应商价格相比较，以全面了解供应商的价格，判断其价格是否合理。采购员在进行比价时一般可以采用如图2-4所示的方法。

2. 议价时机

采购人员在比价之后，对产品价格已有所了解，这时就应与供应商当面议价。议价时机可以参考以下六点。

方法一 与其他供应商的价格相比较

可以尽量找多家供应商报价,不同供应商的报价可以让采购人员了解所需产品的大致市场价格

方法二 与产品成本相比较

将供应商的产品成本与其报价相比,看其报价是否合理,同时可以将产品成本细分为人员费、原材料费、外包费、制造费、管理费,看其产品成本是否偏高

方法三 与供应商过去的报价相比较

了解供应商过去的产品价格,比较供应商的产品价格上涨模式与该产业的模式。了解其产品价格上涨的真正原因是成本上涨,还是品质的提高及服务的增加,其产品成本上涨幅度是否合理

图2-4　比价方法

（1）现时的市场行情对议价有利时。

（2）采购频率、数量明显增加时。

（3）本次报价偏高时。

（4）同等产品品质、服务的供应商提供更低价格时。

（5）企业策略需要降低采购成本时。

（6）具备其他有利条件时。

三、样品采购检验

样品采购检验是供应商开发中必不可少的一个环节。其主要内容包括签订试制合同、向初选供应商提供认证项目试制资料、供应商准备样品、对检验过程进行协调与监控、调整技术方案、供应商提供样品、样品评估、确定样品供应商等,具体如图2-5所示。

1.签订试制合同

采购员与初选供应商签订试制合同,目的是使初选供应商在规定的时间内能够提供符合企业要求的样品。合同中应包括保密内容,即供应商应无条件地遵守企业的保密规定。试制认证的目的是验证系统设计方案的可行性,同时达成企业与供应商之间的技术折中方案。

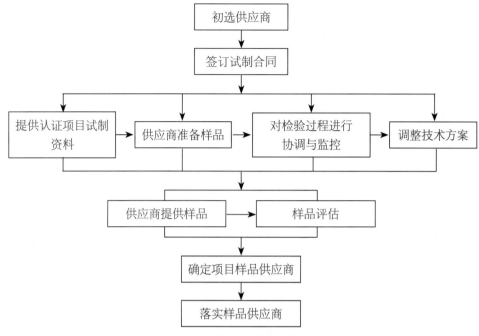

图2-5 样品采购检验流程

2.向初选供应商提供认证项目试制资料

采购员与初选供应商签订试制合同后,应向初选供应商提供更详尽的资料,并发出如表2-6所示的样品试制通知书。

表2-6 样品试制通知书

编号:

样品名称				样品类型		□主材　　□副材　　□成品		
供应商				物料号				
希望完成日期	_____年__月__日			确认日期		_____年__月__日		
应用产品				试验负责人				
资料	(1)成分表:　　　(3)成绩单: (2)型号目录:　　(4)抽样方式:							
具体说明:								
本表流程	工程部			试验部门		试验报告		
	经办	主管	经理	经办	主管	□经理 □发行		

注:本表一式四份,一份资材部存,一份工程部存,一份试验部门存,一份总经理室存。

3.供应商准备样品

供应商收到试制资料以后就可开始进行样品试制的准备工作。样品试制的准备并不是一项简单的工作,对于要求较高或者全新产品的样品试制的准备,通常需要几个月甚至一年的时间;对于只需稍做改动的产品,其样品试制准备需要的时间则较短。一般来说,同样情况下,电子元器件、机械零件的准备周期相对较短,而组合设备的准备周期相对较长。

4.对检验过程进行协调与监控

对检验过程进行协调与监控,这一要求一般是对于那些准备周期较长的项目来说的。对于准备周期较长的项目,采购员应对其检验过程进行协调与监控,以便在遇到突发事件时能够及时提出解决对策。

5.调整技术方案

在有些情况下,企业与供应商之间可能会调整技术方案。随着市场环境的变化或知识的更新,设计人员的设计方案与加工过程出现需要调整的地方,这也是很正常的现象。有时技术方案是由企业提出的,有时则是由供应商提出的。调整技术方案是不可避免的,只有经过多次调整,技术方案才能更加完善。

6.供应商提供样品

供应商把样品试制出来后,应把样品送交给认证部门进行认证。体积较小的样品随身携带即可,体积较大的样品则可通过其他方式送检。

7.样品评估

样品送到认证部门之后要进行的工作就是样品评估。一般需要参加评估的人员包括设计人员、工艺人员、品管人员、采购人员及计划人员等,其工作内容是对样品进行综合评估。评估内容包括样品的性能、质量及外观等,评估的基准是样品检验报告、原材料(样品)试验报告等。

四、供应商评审

为了能选择到合格的供应商,采购员还需要组织相关人员对供应商进行评审。

1.成立评审小组

供应商评审,第一步应该是成立评审小组,对供应商的各项资格或条件进行评审。

小组的成员可包括采购部门、工程部门、生产部门、品质保证部门、财务部门及公共关系部门等。必要时还可以成立供应商评审委员会。

2. 决定评审的项目

由于供应商之间的条件可能有相似性，因此必须有客观的评审项目，作为选拔合格供应商的依据。评审项目如表2-7所示。

表2-7 供应商评审项目

序号	评审项目	具体内容
1	一般经营状况	（1）企业成立的历史 （2）负责人的资历 （3）登记资本额 （4）员工人数 （5）完工记录及实绩 （6）主要客户 （7）财务状况 （8）营业执照
2	供应能力	（1）生产设备是否先进 （2）生产能力是否已充分利用 （3）厂房空间是否足够 （4）工厂地点是否与买方邻近
3	技术能力	（1）技术是自行开发还是依赖外界 （2）有无与国际知名机构开展技术合作 （3）现有产品或试制样品的技术评估情况 （4）技术人员数量及受教育程度
4	管理制度的绩效	（1）生产作业是否顺畅合理，产出效率如何 （2）物料管理流程是否已电子化，生产计划是否经常改变 （3）采购制度是否能切实掌握物料来源及进度 （4）会计制度是否能为成本计算提供良好的基础
5	品质管理能力	（1）品质管理制度是否已落实，是否可靠 （2）有无品质管理手册 （3）是否制定有品质保证的作业方案 （4）有无政府机构的评鉴等级

3. 设定评审项目的权数

针对每个评审项目，权衡彼此的重要性，分别给予不同的权数。不过，无论评审项目有多少，各项目权数的总和必定是100%。

每个评审项目的权数，在评选小组各组员之间，必须按其专业程度加以分配。比如以技术能力而言，生产人员所占该项权数的比率应该比其他组员高。

评选小组确定供应商的评审项目及权数后，可将供应商调查问卷送交相关供应商填写，然后进行访谈或实地调查，并定期召集评选会议，按照供应商资格评分表进行评定工作。

4.合格供应商的分类分级

合格供应商分类是按各供应商的专业程度予以归类，分级是将各类合格供应商按其能力划分等级。分类的目的是避免供应商包办各种采购物件，预防外行人做内行事；分级的目的是防止供应商大小通吃，便于配合采购的需求，选择适当的供应商。

通常，企业最不欢迎"什么都能交（物料），什么都能做（工程及维修）"的供应商。因为他们通常都不是专业供应商，只是到处承揽业务的掮客，对物料的性质或施工技术并不十分熟悉，而且多在拿到订单后才寻找供应源。一旦交货有问题或品质出错，他们经常缺乏能力解决，且极力逃避责任。也就是说，在分工高度专业化的时代，每一个供应商都应有其定位——提供最专精的产品或服务，因此，供应商的分类及分级可以避免鱼目混珠，以达到寻求最适当供应商的目的。

> **小提示**
>
> 对于经审查合格的供应商，采购员可通知其送样或小批量采购，送样检验或试验合格者即可正式列入"合格供应商名册"，未合格的供应商可列入候补序列。之后的采购只可在合格供应商中选择。财务付款时也应审核名单，遇到非合格供应商应上报上级部门。

第三节　培养优秀的供应商

持续不断获得高质量、低价格、及时交付的产品及超越期望的服务，是采购工作永恒的目标。要实现这一目标，企业必须拥有优秀而忠诚的供应商。

一、把供应商当作分厂看待

零部件的质量、价格、交付周期，在很大程度上决定着产品的质量、成本和生产周期。外协、外购零部件占构成产品的零部件的比例越大，这种决定程度就越大，而零部件的质量、价格和交付周期又取决于供应商。

所以,供应商是企业产品生产的基础,企业应当把供应商当作自己的分厂看待,相信供应商,依靠供应商,尽己所能为供应商服务,把供应商培养成为稳固的零部件生产基地。

二、选择合适的供应商

企业对供应商的吸引力决定着供应商对企业的忠诚度,企业选择供应商也应当讲究"门当户对、两情相悦",否则,合作不是不愉快,就是不长久。所以,采购员在选择供应商的时候,应当从企业自身的规模、知名度、采购量和付款能力等实际情况出发,选择合适的供应商,而不是选择最优秀的供应商。

合适供应商的表现包括图2-6所示的三个方面。

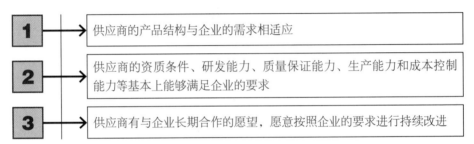

图2-6　合适供应商的表现

三、平等对待供应商

买方市场环境下,在业务关系中,需方通常处于强势地位,而供应商通常处于相对劣势的地位,因此,有些企业便时常利用自己的强势地位直接或间接地迫使供应商接受一些不对等条件。这种做法短期内可能会给企业带来一些利益,但从长远看对企业却是不利的,因为供应商虽然被迫接受了这些条件,但口服心不服,"身在曹营心在汉",一旦有了更好的市场,他们便会立即"移情别恋",结果自然是交货期的波动和产品质量、服务质量的下降,企业也就自然从"受益者"变成了"受害者"。所以,要想供应商忠诚于企业,企业就必须平等对待供应商。

所谓平等相待,就是要做到"己所不欲,勿施于人",凡事推己及人、将心比心,而其中最基本的就是不强迫供应商做不愿意的事情。

比如,在平等自愿的前提下进行谈判,不与供应商签订带有不对等条件的协议,更不以任何方式强迫供应商签订类似协议;不强迫或欺骗供应商参与其不擅长或者不愿意参加的新产品项目,不强迫或欺骗供应商接受其无能力接受或不愿意接受的业务;严格履行协议规定的义务,不以任何理由拒绝履行义务或者以打折扣的方式履行义务等。

四、主动维护供应商的利益

供应商与企业合作是为了获利。如果不能获利，供应商就不会与企业合作，即使已经建立了合作关系，这种关系也不会长久。所以，要想供应商忠诚，持续为企业提供满意的产品和服务，就必须主动维护供应商的利益。具体做法如图2-7所示。

图2-7 主动维护供应商的利益

1.给予供应商合理的利润率

有些供应商为了抢先占领市场，通常采取低价策略，待占领市场后再伺机提高价格或者在新产品上做文章。如果计划成功，他们会继续与企业合作；一旦计划落空，他们便有可能很快退出。所以，从长远看，即使在质量、服务水平不变的前提下，价格低也不一定是最好的选择，关键要看利润率的合理性。

关于利润率的合理性，一般认为，给予零部件与产品相同或相近的利润率应该是合理的。

比如，当产品的利润率为10%时，给予该产品零部件的利润率也为10%左右；当产品的利润率下降时，其零部件的利润率也随之按比例下调。

2.不向供应商提不合理的要求

不要求供应商承担除协议规定以外的其他任何义务，不单方面提高产品要求或服务要求，不变相降低供应商的利润率。因企业的原因造成产品要求提高或者服务要求提高，造成供应商成本增加的，应当给予供应商相应的补偿。

3.不轻易变更订单

进入批量生产阶段后，设计方案应尽量维持稳定，不到万不得已，不要轻易变更。如遇非变更不可的情况，也应事先主动与供应商沟通，并做好相应的善后工作。

4.协助供应商提高产品合格率

当供应商的产品平均不良率（来料检验不良率、过程检验不良率、成品一次交验不良率的平均值）大于或等于利润率时，就意味着供应商可能在此产品上已经或正在出现亏损。为了保证供货的稳定性和持续性，应当立即主动派遣相关人员，与供应商共同改进其质量管理措施，提高产品合格率。

5. 用制度约束员工

建立健全防止员工腐败的制度，约束员工的行为，从制度上预防员工利用职权损害供应商的利益。其中应重点对供应商选择、器件选型、方案选择、定价、合同条款制定、采购比例分配、质量控制、索赔等方面的员工行为进行约束。

6. 尽量采用独家供货

在供应商的供货能力没有大的变动的情况下，不轻易增加新供应商，即使有更低的价格也是如此。如非独家供货，在供应商没有大的过失的情况下，也不轻易降低采购比例或者改变采购方向。如果供应商在产品开发过程中或设计变更过程中有投入，必须从订单或者其他方面给予相应的回报。

五、"恩威并济"管理供应商

管理供应商常用的方法是：对供应商的供货业绩进行监测，依据监测结果对供应商进行级别评定，实施分级管理，奖优罚劣，对不合格项进行整顿；定期对供应商进行重新评价，依据评价结果调整采购措施，淘汰不合格的供应商。

这是一种事后控制措施，对防止同一错误的重复出现有一定的帮助，但对于预防错误的发生和提升供应商的能力，作用不一定明显。

众所周知，帮助供应商提升设计过程和制造过程的质量保证能力是确保来料质量的最好途径，将企业的进度管理延伸到供应商的生产和物流过程是保证其及时交付的最佳办法，帮助供应商提升成本控制能力是降低采购价格的有效手段，所以，供应商管理一定要"恩威并济"，既要对供应商进行考核和奖惩，也要给予供应商必要的帮助。具体做法如图2-8所示。

1. 帮助供应商提升设计和制造过程的质量保证能力

零部件的质量归根到底是设计和制造出来的，所以，企业应尽可能帮助供应商对其设计和生产过程的关键环节进行控制，如主动与供应商沟通，让供应商精确掌握企业的要求；对供应商的APQP（产品质量先期策划）和PPAP（生产件批准程序）过程进行监督和指导，给予供应商需要的技术支持；与供应商共同解决零部件的质量问题；与供应

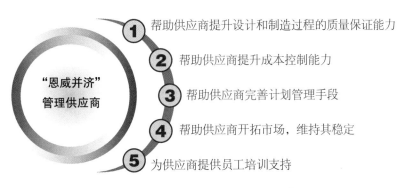

图 2-8 "恩威并济"管理供应商

商共同完善其采购过程、制造过程的质量控制手段和方法;帮助供应商完善物流过程中的标识管理和不合格品(特别是让步接收件和返工件)控制等。

2. 帮助供应商提升成本控制能力

原料价格、库存量、生产效率、合格率、生产消耗等是影响零部件成本的重要因素,所以,除了帮助供应商提升质量控制能力外,企业还应主动在其他方面给予支持,如与供应商进行采购资源共享,帮助供应商开发更廉价的采购渠道;给予供应商尽可能充足的生产周期,采购量尽可能保持稳定;与供应商共同改善其物流和制造过程,减少无效劳动,缩短生产周期;与供应商共同探讨改善库存管理的办法,帮助供应商减少其原材料、在制品、成品的库存量;帮助供应商改善其生产工艺,减少生产过程中能源、辅料、耗材的消耗等。

3. 帮助供应商完善计划管理手段

供应商能否快速、准确地接收订单和能否将订单快速、准确地转化为相关部门的工作任务对交付的及时性有很大的影响,所以,供应商的计划管理手段与企业的计划管理手段应当具有兼容性。如果企业是通过互联网给供应商下达订单,应当督促、帮助供应商建立、完善相应的计划管理手段,确保供应商能够自动接收到下达的订单,并能够自动将订单转化为各部门的工作任务,而且还要保证企业采购部门能够对供应商的订单执行情况(如物料采购进度、生产进度、交付进度)进行即时监控。

4. 帮助供应商开拓市场,维持其稳定

当供应商出现生产任务不足,生产能力和人员过剩,有可能导致亏损、人才流失等严重情况时,企业应尽可能帮助供应商开拓市场,以维持供应商的稳定,从而保证零部件供应的持续性和稳定性。

5.为供应商提供员工培训支持

帮助供应商提高员工的技能和素养,以及让供应商的员工了解、认同企业,对企业实现持续获得高品质、低价格、及时交付的产品和超越期望的服务的采购目标是很有帮助的,所以,企业应主动为供应商提供员工培训支持,如技术培训、管理培训、企业文化宣传等。

第三章 采购谈判管理

第一节 采购谈判的内容

采购谈判围绕采购商品进行洽谈,因而商品的品种、规格、技术标准、质量保证、订购数量、包装要求、售后服务、价格、交货日期与地点、运输方式、付款条件成为谈判的焦点。

一、物品品质

1.物品品质的规定

谈判双方,首先应当明确希望交易的是什么物品。在规定物品品质时,可以用规格、等级、标准、产地、型号和商标、产品说明书和图样等方式来表达,也可以用一方向另一方提供物品实样的方式,来表明己方对交易物品的品质要求。

在谈判时,采购人员对质量的定义应理解为"符合买卖双方所约定的要求或规格就是好的质量"。故采购人员应设法了解供应商本身对商品质量的认知或了解的程度,而管理制度较完善的供应商应有下列有关质量的文件。

(1)产品规格说明书(Product Specification)。

(2)品管合格范围(Acceptable Quality Level)。

(3)检验方法(Testing Methods)。

2.质量的表示方法

在谈判中,采购人员要尽量向供应商取得有关质量的资料,以利未来的企业交易。在合约或订单上,质量通常是以下列方法中的一种来表示的。

(1)市场上商品的等级。

(2)品牌。

(3)商业上常用的标准。

(4)物理或化学的规格。

(5)性能的规格。

(6)工程图。

(7)样品(卖方或买方)。

(8)以上的组合。

> **小提示**
>
> 采购人员在谈判时应首先与供应商对商品的质量达成一致的质量标准,以避免日后引发纠纷,甚至导致法律诉讼。对于瑕疵品或在仓储运输过程中损坏的商品,采购人员在谈判时应要求供应商退货或退款。

二、物品价格

1.物品价格的表示方式

在国内货物买卖中,谈判双方在物品的价格问题上,主要是对价格的高低进行磋商;在国际货物买卖中,物品价格的表示除了要明确货币种类、计价单位以外,还应明确以何种贸易术语成交。

2.物品价格的谈判

价格是所有谈判事项中最重要的项目之一。企业的产品在客户心目中的形象应该是高质量、低价格。若采购人员发现,对于任何拟采购的商品,将进价加上企业合理的毛利后,连自己都认为该价格无法吸引客户购买,就不应以该价格向供应商采购。

在谈判之前,采购人员应事先调查市场价格,不可凭供应商片面之词而误入圈套。如果没有相同商品的市价可查,应参考类似商品的市价。

在谈判价格时,最重要的就是要能列举企业采购产品对供应商的有利影响。这些有利影响如表3-1所示。

表3-1 企业采购产品对供应商的有利影响

序号	好处	备注
1	采购量大	
2	铺货迅速	
3	销售周期短	
4	节省运费	
5	降低库存压力	
6	保障市场	
7	沟通迅速	
8	付款迅速,并减少应收账款管理费用	
9	不影响市价	
10	获得外销机会	

> **小提示**
>
> 价格谈判是所有商业谈判中最敏感的,也是最困难的项目。但愈是困难的项目,愈令人觉得具有挑战性。这也是采购工作特别吸引人之处。因此采购人员应体会、认识这一点,运用各种谈判技巧去完成这项艰巨的任务。

三、物品数量

在磋商物品数量条件时,谈判双方应明确计量单位和成交数量,必要时可订立数量的机动幅度条款,订购量过少往往很难令供应商满意。所以在谈判时,采购人员应尽量笼统,不必透露明确的订购数量。如果因此导致谈判陷入僵局,应转而讨论其他谈判项目。

四、物品包装

1. 物品包装的种类

包装可分为两种:"内包装"(Inner Packaging)和"外包装"(Outer Packaging)。内包装用来保护、陈列或说明商品,外包装则仅用于仓储及运输过程中的保护。

2. 物品包装的设计

外包装若不够坚固,仓储运输的损耗就会太大,从而降低作业效率,并影响利润;外包装若太坚固,则供应商成本高,采购价格势必偏高,会导致商品的价格缺乏竞争力。

3. 物品包装的谈判

基于以上理由,采购人员在谈判物品包装的项目时,应与供应商协商出对彼此都最有利的包装,不应草率订货。

> **小提示**
>
> 若某些商品有销售潜力,但无合适的自选式量贩包装,采购人员应积极说服供应商制作此种包装供本公司销售。

五、交货期

一般而言，对于采购方来说，交货期愈短愈好。因为交货期短，订货频率就会增加，每次订购的数量就相对减少，从而大幅减轻存货压力，并减少仓储空间的需求。对于有长期承诺的订购，采购人员应要求供应商分批送货，以减轻库存压力。

六、保险条件

买卖双方应明确由谁向保险公司投保、投何种险别、保险金额如何确定、依据何种保险条款办理保险等。采购人员在谈判时，必须将此内容列入谈判要点。

七、货款支付

1.货款支付方式

货款的支付主要涉及支付货币和支付方式的选择。在国际货物买卖中使用的支付方式主要有：汇付、托收、信用证等。不同的支付方式，买卖双方可能面临的风险大小不同。因此在谈判时，需根据情况慎重选择。

2.货款支付的条件

在国内，一般供应商的货款结算周期是30～90天。因此采购人员应计算出对本企业最有利的付款条件。正常情况下，在单据齐全时，可按买卖双方约定的付款条件进行结算。

八、后续服务

后续服务有利于买卖双方预防和解决争议、保证合同的顺利履行、维护交易双方的权利，也是国际货物买卖谈判中必然要商议的交易条件。

第二节 采购谈判的流程

谈判是有关方面就共同关心的问题互相磋商、交换意见、寻求解决的途径和达成协议的过程。采购谈判一般是遵循询盘、发盘、还盘、接受、签约五个流程进行的。

一、询盘

询盘,是交易一方为出售或购买某项商品而向交易的另一方询问该商品交易的各项条件。

1. 询盘目的

询盘目的主要是寻找买主或卖主,而不是同买主或卖主洽商交易条件;有时询盘只是出于对市场的试探。

2. 询盘对象

询盘对象根据是国内贸易还是国际贸易而有所不同,其具体内容如图3-1所示。

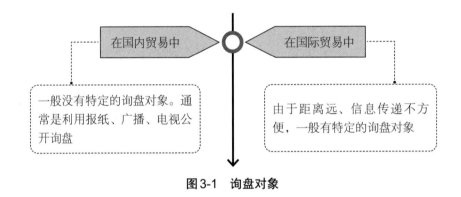

图3-1 询盘对象

3. 询盘方式

询盘方式可以是口头,也可以是书面,无约束性,也没有固定格式。

二、发盘

发盘就是交易一方为出售或购买某种商品,向交易的另一方提出买卖该商品的各种交易条件,并表示愿意按这些交易条件订立合同。发盘可以由采购方发出,也可以由供应方发出,但多数由供应方发出。

按照发盘人在受盘人接受后是否承担订立合同的法律责任,发盘可以分为实盘和虚盘。合同订立,交易即告达成;如果在发盘的有效期内,受盘人尚未表示接受,发盘人不能撤回或修改实盘内容。

1. 实盘

实盘一般应具备图3-2所示的四项条件。

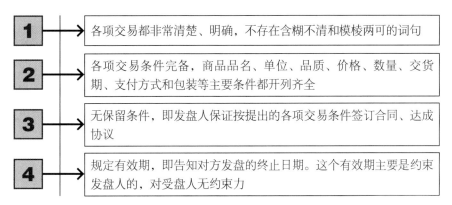

图3-2 实盘应具备的条件

2.虚盘

虚盘是指对发盘人和受盘人都没有约束力的发盘。对虚盘，发盘人可随时撤回或修改内容。受盘人如果对虚盘表示接受，尚需发盘人最后确认，才能成为对双方都有约束力的合同。

虚盘一般有图3-3所示的三个特点。

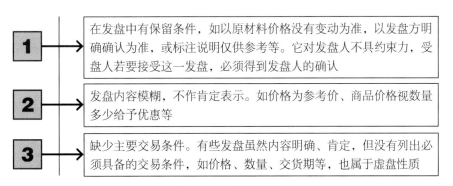

图3-3 虚盘的特点

三、还盘

还盘是指受盘人在接到发盘后，对发盘内容不同意或不完全同意，反过来向发盘人提出需要变更内容或建议的表示。

按照这一规定，原受盘人还盘，实际上就是要求原发盘人答复是否同意原受盘人提出的交易条件。这样原受盘人成了新的发盘人，其还盘也成了新发盘；原发盘人成了新的受盘人，因而原发盘人的发盘随之失效。作为原发盘人，此时应注意以下事项。

（1）一方面要明确自己的实盘已经失效，不受约束了，另一方面要分析对方的还盘是实盘还是虚盘。

（2）若接受对方的是实盘，当然要求对方履约。但要注意对方有时发来的表示，只是貌似还盘，其实不是还盘，那么自己的实盘就并未失效。比如，当对方提出某种希望、请求时，在法律上不构成还盘。发盘人即使同意这些"希望""请求"，仍不表明实盘失效。

因此，发盘人一定要能判断出对方的表示是否真正构成还盘，以避免由于判断错误而发生纠纷或处于被动地位。

> **小提示**
>
> 发盘人如果对受盘人发出的还盘提出新的意见，并再发给受盘人，叫作再还盘。而在国际贸易中，一笔交易的达成，往往要经历多次还盘和再还盘的过程。

四、接受

接受是交易的一方在接收另一方的发盘后，表示同意。接受在法律上称为承诺，一项要约（发盘）经受约人有效的承诺（接受）后，合同才能成立。

构成一项有效接受，应具备图3-4所示的几项基本条件。

1. 接受必须是无条件的
2. 接受必须在一项发盘的有效期限内表示
3. 接受必须由合法的受盘人表示
4. 接受必须以声明的形式或其他形式表示并传达到发盘人

图3-4 构成一项有效接受的基本条件

1.接受必须是无条件的

所谓无条件是指受盘人对一项实盘无保留地同意，即接受的内容必须同对方实盘中所提出的各项交易条件严格保持一致。否则就不能表明为有效接受。

比如，受盘人在向发盘人表示接受时，又同时对价格、运输等主要条款以及责任范围、纠纷处理程序等具有实质性的内容提出不同意见，则表明受盘人的接受不是无条件的，因而不能表明是有效接受。

2.接受必须在一项发盘的有效期限内表示

一般来说,逾期接受是无效的。但以下两种特殊情况要具体考虑。

(1)如受盘人在有效期限最后一天表示接受,而这一天恰好是发盘人所在地的正式节假日或非营业日,使"接受"不能及时传到发盘人的地址。这种情况下发生的逾期接受,可以认为是有效的。

(2)如果发盘人同意对方的逾期接受,并立即用口头或书面形式通知对方。那么此项逾期接受仍有效。

总之,一项逾期接受是否最终有效,取决于发盘人的态度。

3.接受必须由合法的受盘人表示

这一点是对明确规定了特定受盘人的发盘而言。一项发盘可向特定的对象提出,比如向某人、某单位或其代理人提出;也可向不特定的对象提出,如在报刊上公开发盘。

向特定的对象提出的发盘,接受的表示人必须是发盘指定的受盘人。只有指定的受盘人所表示的接受才构成有效接受,任何第三者对该发盘表示接受均无法律效力,发盘人不受约束。

4.接受必须以声明的形式或其他形式表示并传达到发盘人

受盘人既然表示接受,则必须以一定的表示形式来证明。

(1)"声明"——用口头或书面文字表示。

(2)其他行为——按照发盘的规定或双方已确定的习惯做法(惯例),比如以支付货款、发运货物等形式表示接受。

五、签约

采供双方通过交易谈判,一方的实盘被另一方有效接受后,交易即达成。但一般都应通过书面合同来确认。

合同在双方签字后就成为约束双方的法律性文件,双方都必须遵守和执行合同规定的各项条款。任何一方违背合同规定,都要承担法律责任。因此,合同的签订,也是采购谈判的一个重要环节。如果这一环节出现失误或差错,就会给以后的合同履行埋下纠纷的隐患,甚至会给双方造成重大损失。

第三节 采购谈判的技巧

采购人员应掌握一定的谈判技巧，才能在谈判时争取主动。作为采购人员，应熟练掌握以下谈判技巧。

一、询价的技巧

1. 询价前的准备工作

采购员在询价前，应做好如表3-2所示的准备工作，这样才能在询价过程中做到有的放矢，达到询价的目的。

表3-2 询价前的准备工作

准备项目	具体说明
计划整理	采购部门根据企业采购执行计划，结合采购员的急需程度和采购物品的规模，编制月度询价采购计划，完成计划整理工作
组织询价小组	询价小组成员由采购企业的代表和相关专家共三人以上的单数组成，其中专家人数不得少于成员总数的2/3，以随机方式确定。询价小组成员名单在成交结果确定前应当保密
编制询价文件	询价小组根据国家相关法规和采购项目特殊要求，在采购时限内，编制具体的询价文件
询价文件确认	询价文件在定稿前需经采购员确认
收集信息	采购员应根据采购物品或服务的特点，通过查阅供应商信息库和市场调查等途径进一步了解价格信息和其他市场动态
确定被询价的供应商名单	询价小组通过随机方式从符合相应资格条件的供应商名单中确定不少于三家的供应商，并向其发出询价通知书

2. 编写询价文件

为了避免日后采购员与供应商各说各话，以及在品质认知上出现差异，询价时所提供资料的准备工作就不能马虎，因为完整、正确的询价文件，可帮助供应商在最短的时间内提出正确、有效的报价。一份完整的询价文件至少应包括如表3-3所示的内容。

表3-3　询价文件应包含的内容

序号	应包含的内容	具体说明
1	询价项目的品名与料号	询价项目的品名与料号是询价单上必需的最基本资料。料号中一个位数的不同可能就是版本的不同，甚至可能变成另一个产品的料号。品名的书写应尽量保证能从字面上看出产品的特性与种类
2	询价项目数量	通常供应商在报价时都需要知道采购方的需求量，这是因为采购量的多寡会影响到价格的计算。数量信息通常包括：年需求量、季需求量甚至月需求量，不同等级的需求数量，每一次下单的大概订购数量，产品生命周期的总需求量等
3	询价项目规格书	规格书是描述采购品质的工具，应包括最新版本的工程图、测试规格、材料规格、样品、色板等有助于供应商报价的一切信息。工程图面必须是最新版本，若图面只能用于估价，则应一并在询价时注明
4	品质要求	采购员很难单独使用一种方式完整表达出对产品或服务的品质要求，应该依照产品或服务的不同特性，综合使用数种方式
5	品牌	一般而言，使用品牌产品对采购而言是最轻松容易的，不仅能节省采购时间、降低采购成本，同时也能减少品质检验的手续，只需确认产品的标识即可。不过，品牌产品价格通常较高，购买数量不多时，采购品牌产品会比较有利
6	同级品	同级品是指能达到相同功能的产品，决定是否允许使用可替代的同级品及同级品的报价也应在询价时予以注明。而同级品的使用，必须得到使用部门的许可
7	商业标准	商业标准是指对产品的尺寸、材料、化学成分、制造工艺等的通用的完整描述。对于一般标准零件，如螺钉、螺帽、电子零部件，使用商业标准可以避免对品质的误解
8	材料与制造工艺规格	当对材料或制造工艺有特定的要求时，采购员需注明其适用的规格
9	性能或功能	对于一些规格较常用于采购高科技产品及供应商先期参与的情况，供应商只被告知产品所需要达到的性能或功能，至于如何去制作才能达到要求的细节部分，则留给供应商来解决
10	市场等级	由于市场等级的划分界限无法很明确地被一般人所辨识，采购员通常会被要求具备鉴定所购产品属于何种等级的能力
11	样品	提供样品对供应商了解采购方的需求有很大帮助，尤其是在颜色、规格与市场等级的要求上使用比较普遍
12	工作说明书	工作说明书适用于采购服务项目，如大楼清扫、废弃物处理、工程发包等。一份完整的工作说明书除了应该简单明了外，对于所应达到的工作品质也应尽量以量化的方式来规范其结果评估

二、议价的技巧

采购成本是采购精益管理的核心,采购人员应做好采购成本控制工作。通常询价之后可能有3~7个供应商报价,采购人员经过对报价的分析与审查,就可以联系供应商开始议价谈判了。

1.采购谈判还价技巧

(1)要有弹性。采购员在价格谈判过程中,还价时要讲究弹性。不要一开始就给出最低价,这样做会使自己处于被动,从而使价格谈判毫无继续进行的余地。

(2)化零为整。采购员在还价时可以将价格集中,化零为整。此种报价方式的主要内容是换算成大单位的价格,加大计量单位,如:将"公斤"改为"吨","两"改为"公斤","月"改为"年","日"改为"月","小时"改为"天","秒"改为"小时"等。

(3)邀请上级。采购员应擅长运用上级主管的议价能力。通常供应商不会自动降价,采购员必须据理力争。但是,供应商的降价意愿与幅度,要视议价的对象而定。因此,如果采购员对议价的结果不太满意,可邀请上级主管来与供应商议价。

(4)压迫降价。压迫降价是在采购方占优势的情况下,以"胁迫"的方式要求供应商降低价格,并不征询供应商的意见。这通常是在卖方处于产品销路欠佳,或市场竞争十分激烈,以致发生经营亏损和利润微薄的情况下,采购方为提高其获利能力而使用的手段。

2.采购谈判让步技巧

在谈判过程中,采购员应掌握的让步技巧主要如图3-5所示。

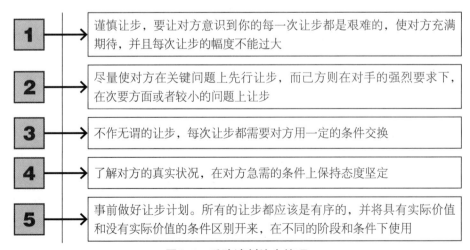

图3-5 采购谈判让步技巧

三、成交的技巧

成交是指谈判各方就所磋商的问题初步达成共识或意见、观点趋于一致。在不同的谈判背景下，采购人员可以使用以下四种成交技巧。

1. 均衡条件下的成交促成

均衡条件是指谈判双方势均力敌，双方的经济实力相当，双方谈判主谈人谈判能力呈均势状态。在谈判过程中，双方都要求格局稳定保持均势，希望达成两方大体满意的谈判协议，期望维持良好的合作状态，愿意维护良好的、长期的关系。

均衡条件下促成成交时，采购员应注意以下三个方面。

（1）清醒地认识并保持谈判双方的均势。
（2）努力为实现共同利益目标营造和谐气氛。
（3）提防谈判一方打破平衡、恶化谈判局势的企图。

2. 优势条件下的成交促成

优势条件下的成交促成技巧主要有以下两个。

（1）主动营造积极的谈判气氛，行为举止尽量表现出豁达、大度。
（2）引导对方按自己设定的目标思考并采取行动，密切注意对方的策略选择，谨防"反行动"。

3. 劣势条件下的成交促成

在采购谈判过程中，采购员可以采用适当的技巧，控制谈判的方向和进程。劣势条件下谈判的说服技巧主要有以下12个。

（1）讨论时先易后难。
（2）多向对方提出要求、传递信息、影响对方意见。
（3）强调一致、淡化差异。
（4）先谈好，后谈坏。
（5）强调合同有利于对方的条件。
（6）待讨论赞成和反对意见后，再提出自己的意见。
（7）说服对方时，要精心设计开头和结尾，要给对方留下深刻的印象。
（8）结论要由己方明确提出，不要让对方下结论。
（9）重复某些信息和观点。
（10）多了解对方，以对方习惯的能够接受的方式去说服对方。

（11）先做铺垫，不要急于让对方接受自己提出的要求。

（12）强调互惠互利、互相合作的可能性，激发对方在自身利益认同的基础上接纳自己的意见。

4.注意观察谈判人员的成交信号

谈判成交的最佳时机是"心理上的适当瞬间"，它是指在某些瞬间，谈判各方的思想观点、见解可以协调一致。采购人员可以通过观察对方的肢体语言来判断是否已接近成交时机。谈判人员的成交信号如图3-6所示。

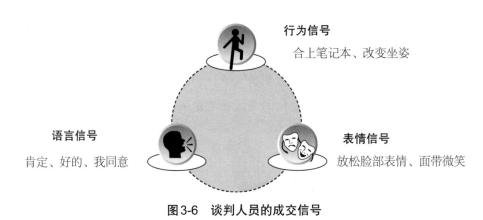

图3-6　谈判人员的成交信号

四、解决冲突的技巧

冲突是指买卖双方在谈判时因目标上的互不相容而导致心理上或行为上产生矛盾。

1.分析潜在的冲突因素

谈判冲突一般由图3-7所示的三种因素导致。

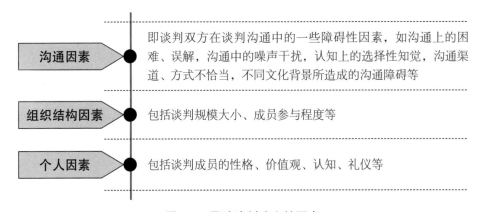

图3-7　导致谈判冲突的因素

2. 了解冲突行为类型

冲突行为分为两大类，即功能正常的冲突行为和功能失调的冲突行为，具体如图3-8所示。

功能正常的冲突行为包括轻度的意见分歧或误解和公开的质询或怀疑

功能失调的冲突行为包括无端的言语攻击、威胁和最后通牒、挑衅性的肢体攻击和摧毁对方的公开努力

图3-8 冲突行为类型

谈判过程中，谈判人员不得出现功能失调的冲突行为。

3. 利用冲突解决技术

谈判人员要善于运用冲突解决技术处理谈判中的冲突，具体如表3-4所示。

表3-4 解决冲突的措施

序号	解决措施	具体说明
1	面对面讨论解决问题	谈判双方面对面，通过坦率真诚的讨论来确定问题并解决问题
2	提出一个更高的目标	提出一个更高的共同目标，该目标不经双方协作努力是不可能达到的
3	开发资源	对资源进行开发，找到双赢的解决办法
4	回避	回避或抑制冲突
5	缓和	强调双方的共同利益，弱化双方的差异性
6	折中	双方各放弃一些利益

 相关链接

采购谈判应有的礼仪规范

1. 谈判人员的仪容仪表要求

（1）谈判人员谈判前应整理好自己的仪容仪表，穿着要整洁、正式、庄重。

（2）谈判人员的头发、眼睛、口腔、指甲等必须保持清洁。指甲必须经常修剪，不得留长指甲。男性每日必须修面，不得蓄须。女性不得涂抹异色口红、睫毛膏、眼影或指甲油。

（3）谈判人员必须保持发型整齐，不得卷、烫外形怪异、另类的发型，不得染发。男性不能剃光头，不得留长发，头发不得遮耳。

（4）谈判人员谈判前不能饮酒或吃葱、蒜之类带有刺激性异味的食物。

（5）谈判人员面部表情应亲切柔和，眼睛应明亮有神。

（6）女性谈判时应化工作妆，保持素雅自然的容貌，不得化浓妆、异妆。

（7）谈判人员服装应干净、整洁，不得有褶皱、有异味。服装表面、领口、袖口等不得有污渍油迹。服装应无破损、开线、掉扣。

（8）职业装袖子长度应以达到手腕为宜，衬衣袖子长度应超过西装0.2～0.5厘米，衬衣袖口应系紧纽扣。衬衣纽扣必须全部扣上，衬衣下摆应束入裤中。

（9）不得敞开西装上装。单排扣西装两粒扣者只扣上面一粒扣，三粒扣者只扣上面两粒扣。双排扣西装则应将纽扣全部扣上。

（10）谈判人员必须保持皮鞋干净光亮，不得有泥污。

2.谈判过程中的商务礼仪

（1）商定采购谈判地点时，既不应该对谈判对手言听计从，也不应该固执己见，应该双方各抒己见，共同协商确定。

（2）布置好谈判会场，采用长方形或椭圆形的谈判桌，会场进门正对面座位或进门后右手边的座位为尊，应让给客方。

（3）谈判人员进行谈判过程中，站姿和坐姿要遵守以下规范。

① 女性站立，双脚呈丁字形，一只脚略前，一只脚略后，呈45°，前脚的脚后跟与后脚的内侧脚背靠拢。

② 男性站立，双脚呈V字形，稍微分开，与肩同宽，身体重心在两脚之间。

③ 站立时，腰背挺直，脖颈伸直，收腹提臀，双肩展开，身体正直平稳，不东倒西歪，不耸肩。双臂自然下垂或双手在体前自然交叉。双眼平视对方，不斜视或东张西望。嘴微闭而面带笑容。不能有弯脖、斜腰、挺腹、含胸、屈腿、抖腿、重心不稳、双手插兜、身体乱晃等不适当的行为，也不要将双臂抱在胸前。

④ 入座时，应轻柔、和缓、平稳，不要猛起猛坐。

⑤ 入座后的坐姿为：上身自然挺直，端庄而面带微笑，双肩平稳放松，双目平视，下颌稍向内收，脖子挺直，胸上挺，腹内收，背不靠椅子，重心垂直向下，双脚平落在地。

⑥ 男性坐下时双手自然交叉放在腿上或桌上，两膝并拢或稍微分开。女性坐下时应两腿并拢，小腿往右内侧并拢斜放，两手自然交叉放于大腿或桌上。

（4）谈判双方第一次接触时的礼仪。

① 与对方第一次接触时，言谈举止要尽可能营造出友好、轻松的谈判气氛。

② 作自我介绍时要自然大方，不可有傲慢之意。

③ 受到介绍的人员应起立并微笑示意，可以礼貌地道"幸会""请多关照"等。询问对方要客气，如"请教尊姓大名"等。如交换名片，要双手接递。

④ 介绍完毕，可选择双方共同感兴趣的话题进行交谈，稍作寒暄以沟通感情，营造良好气氛。

（5）谈判刚开始时的礼仪。

① 谈判人员注视对方时，目光应停留于对方双眼至前额的三角区域正方。手势自然，不宜乱打手势。切忌双臂在胸前交叉，显出傲慢无礼的姿态。

② 谈判人员要认真倾听对方谈话，细心观察对方举止表情，并适当给予回应，这样既可了解对方意图，又可表现出对对方的尊重与礼貌。

（6）谈判人员报价要明确无误，恪守信用，不欺蒙对方。在谈判过程中，不得随意变换报价，对方一旦接受价格，即不再更改。

（7）谈判人员事先要准备好有关问题，选择在气氛和谐时提出，要以诚相待。切忌在气氛比较冷淡或紧张时询问。询问问题时不可言辞过激或追问不休，以免引起对方反感甚至恼怒。但是，对原则性问题应当据理力争。对方回答问题时，不宜随意打断，答完时要向解答者表示谢意。

（8）谈判人员讨价还价事关双方利益，容易因情急而失礼，因此更要注意保持风度，应心平气和，求大同、存小异。发言措辞应文明礼貌。

（9）谈判人员解决矛盾时要就事论事，保持耐心、冷静，不可因发生矛盾就怒气冲冲，甚至进行人身攻击或侮辱对方。

（10）谈判人员要灵活处理冷场，可以暂时转移话题，缓和气氛。如果确实已无话可说，则应当机立断，暂时中止谈判，稍作休息后再重新进行。主谈判方要主动提出话题，不要让冷场持续时间过长。

（11）谈判签约时的礼仪。

① 签约仪式上，双方参加谈判的全体人员都要出席，共同进入会场，相互致意握手，一起入座。双方设的助签人员分立在各自签约代表人外侧，其余人员排列站立在各自代表身后。

② 助签人员要协助签约人员打开文本，用手指明签字位置。双方代表各在己方的文本上签字，然后由助签人员互相交换，双方代表再在对方文本上签字。

③ 签字完毕后，双方应同时起立，交换文本，并相互握手，祝贺合作成功。其他随行人员则应以热烈的掌声表示喜悦和祝贺。

第四章

采购合同管理

第一节　采购合同的形式

一份采购合同应该内容完整、叙述具体，否则容易产生法律纠纷。通常采购合同没有固定形式，但采购人员在签订采购合同时一般应遵循包含开头、正文、结尾、附件的形式。

一、合同的开头

合同的开头应包括以下内容：
（1）名称：如设备采购合同、原材料采购合同等。
（2）编号。
（3）签订时间。
（4）签订地点。
（5）买卖双方名称。
（6）合同序言：如"双方一致认同""特立下此合约"等。

二、合同的正文

采购合同的正文条款构成了采购合同的内容，应当力求具体明确、便于执行、避免发生纠纷。其应具备以下主要内容。

1.产品的品种、规格和数量、价格

产品的品种应具体，避免使用综合品名；产品的规格应规定颜色、式样、尺码和牌号等；产品的数量应按国家统一的计量单位计算给出，并标出产品的价格。必要时，可附上产品品种、规格、数量和价格明细表。

2.产品的质量标准

合同中应规定产品应符合的质量标准，注明是国家或部颁标准；无国家和部颁标准的，应由双方协商凭样订（交）货；对于副、次品应规定出一定的比例，并注明其标准；对实行保换、保修、保退办法的产品，应写明具体条款。

3.产品的包装

对产品包装材料、包装式样、规格、体积、重量、标志及包装物的处理等，均应有

详细规定。

4. 结算方式

合同中应对产品的结算方式作出规定，规定作价的办法和变价处理办法等，并规定对副品、次品的折扣办法，规定结算方式和结算程序。

5. 交货期限、地点和发送方式

交（提）货期限（日期）要按照有关规定，并考虑双方的实际情况、产品特点和交通运输条件等确定。同时，应明确产品的发送方式（送货、代运、自提）。

6. 产品验收办法

合同中要具体规定在数量上验收和在质量上验收产品的办法、期限和地点。

7. 违约责任

签约一方不履行合同，违约方应负违约责任，赔偿对方遭受的损失。在签订合同时，应明确规定，供应商有图4-1所示三种情况时应支付违约金或赔偿金。购买者逾期结算货款或提货、临时更改到货地点等，应付违约金或赔偿金。

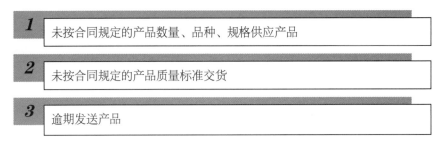

图4-1　供应商应支付违约金或赔偿金的情况

8. 合同的变更或解除

合同的变更或解除等情况，都应在合同中予以规定。

9. 不可抗力

在合同的执行过程中，发生的不可预测的、人力难以应付的责任问题属于不可抗力。合同中应有关于不可抗力的规定，用以明确不可抗力事件发生时合同双方的权利与义务。

10. 合同的其他条款

合同的其他条款可以根据企业具体情况而定，但是在签订合同时也必须予以说明，比如保值条款、纠纷解决。

三、合同的结尾

合同结尾部分包括但不限于以下内容：
（1）合同的份数。
（2）使用语言与效力。
（3）附件。
（4）合同生效日期。
（5）双方签字、盖章。

第二节　采购合同的签订

采购合同是供需双方就供方向需方提供其所需的商品或服务，需方向供方支付价款或酬金事宜，为明确双方权利和义务而签订的具有法律效力的协议。依据《民法典》的规定，订立采购合同时，当事人应当遵循自愿、公平、诚信等原则确定各方的权利和义务。

一、签订采购合同的步骤

签约是指供需双方对合同的内容进行协商，取得一致意见，并签署书面协议的过程。采购员在签约时应遵照图4-2所示的五个步骤。

图4-2　签订采购合同的步骤

1.订约提议

订约提议是指一方向另一方提出的订立合同的要求或建议，也称要约。订约提议应提出订立合同所必须具备的主要条款和希望对方答复的期限等，以供对方考虑是否订立合同。提议人在答复期限内不得拒绝承诺。

2.接受提议

接受提议是指提议被对方接受，双方对合同的主要内容表示同意，经过双方签署书面契约，合同即可成立，也称承诺。承诺不能附带任何条件，如果附带其他条件，应认为是拒绝要约，而提出新的要约。新的要约提出后，原要约人变成接受新的要约的人，而原承诺人成了新的要约人。实践中签订合同的双方当事人，就合同的内容反复协商的过程，就是要约→新的要约→再要约直到承诺的过程。

3. 填写合同文本

填写合同文本时要注意格式：

（1）货物品种名称，一定要写全，不要使用简称。

（2）数量，不同规格要分开写，必要时标注大写。

（3）价格，不同规格要分开写。

（4）交货方式，自提、送货要注明，送货地点、时间要写清，是付费送货还是免费送货要注明。

（5）付款方式，可以先付定金，余款在到货验收合格后再付现金支票或在限定期限内付清均可。

4. 履行签约手续

双方要按照合同文本的规定事项，履行相关的签约手续。具体的手续也可由双方协商确定。

5. 报请签约机关签证，或报请公证机关公证

有的经济合同，法律规定还应获得主管部门的批准或工商行政管理部门的签证。对没有法律规定必须签证的合同，双方可以协商决定是否签证或公证。

二、确保合同有效性的条件

采购人员签订合同时，要确保其合同的有效性，应把握图4-3所示的条件。

三、签订采购合同的注意事项

采购人员在签订采购合同时应注意以下事项。

1. 争取草拟合同

草拟合同时要把握草拟一方的优势。草拟合同的一方有巨大的优势，因为一方起草合同，会想起口头谈判时没有想到的一些问题。如果是采购方草拟合同，采购方可以拟写对自己有利的条款。

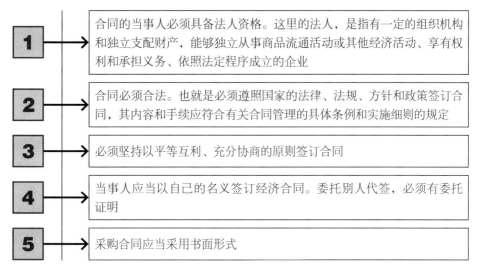

图4-3 确保合同有效性的条件

2.仔细阅读文本

签合同以前，必须从头到尾阅读当前的文本，这样可以防止对方对合同做一些变动。应当注意，不得随意变更或者解除合同，除非有一个不得已的前提条件，变更和解除合同的时候已具备一定的法律条件，造成损失时，变更和解除合同方应当承担相应的赔偿责任。提议变更和解除合同的一方，应给另一方重新考虑所需要的时间，在新的协议签订之前，原来的合同仍然有效。

相关链接

采购合同条款的风险点

合同中的所有条款都可能存在风险点。

1.甲乙双方名称

甲乙双方是合同的当事人，也是合同权利、义务的承担者，所以名称一定要写清楚：企业或单位使用全称，保证与营业执照名称一致；自然人写清身份证姓名，同时注明身份证号。如果是某方部门负责人或其他相关岗位负责人签字，一定要在合同中附加相关的授权书。

另外，如果跟自然人签约，一定要在合同中要求对方开具有效发票，否则会牵扯公司逃税连带责任。

2.合同签订时间地点

合同签订时间会涉及合同生效时间，还为后期签订补充协议提供了明确的界定基础，所以一定要注明具体年、月、日信息。

如果不想为以上两个条款做特殊标注，也要在合同正文中提及、写清楚。

3.合同标的物

一定要列出买卖产品的名称、品牌、规格、型号、等级、生产厂商、产地、数量、单价等详细内容，以及产品的包装方式（内包装和外包装等），尽可能把产品的各项指标写入合同。

还有一个重要内容要写入合同：税率和发票类型。

另外，在合同中要求乙方对产品的所有权、使用权、知识产权做出保证，以防产品在产权、版权上出现问题，影响标的物的正常交付。

4.付款条件

支付过程与比例要注明，比如预付定金x%+验收后支付全款、预付定金a%+验收后支付b%+质保期满支付余下款项等。

支付方式也要写明是现金支付、支票支付，还是汇款等，汇款是电汇、信汇，还是票汇。涉及汇款、汇费承担等细节都应注明。

如果是涉外合同，还应当明确货币种类及外汇结算标准。

另外，发票也是一个风险点。到货、验收、付款与发票的优先级、间隔时长也要写清楚，比如"乙方应在收到货款后x个工作日内开具发票，并有责任尽快将发票安全送达甲方"。

5.验收时间、地点、标准、方式

详细写明货物及材料的具体验收标准，是哪个国际标准或国内标准或其他、公差范围是多少等。如果乙方为外商，则更应该明确约定详细的质量标准，尤其是仅适用于我国的国家强制性标准，一定要注明是我国某标准，否则对乙方无法产生直接约束力。

至于验收时间（包括提出异议的时间）、地点（甲方所在地或乙方所在地）、方式（自检或第三方检等），则根据实际谈判协商情况与验收数量、复杂程度拟定，写入合同即可。

如果涉及第三方专业机构验收，那么产生的费用由哪方承担也要注明。

6.交货时间、地点、方式

采购合同中要明确交货方式、运输方式、交货地点、交货时间、运输费用的承担方等事项。

为运输保险起见，建议加入保险条款，以保障产品在运输过程中受到损害时能得到赔偿。

如果产品涉及现场服务如安装，也要写明服务由谁来负责，费用由谁来承担。

交货时还有一个风险点需要注意：交货产品质量。具体要求（如不合格比例等）和退换货条款（包括时间）主要界定产品的缺陷和退换货情况以及时效。

7. 人员培训

人员培训由谁来负责，培训费用（含食住行）由谁来承担，培训时间、培训成果的界定，都需要在合同中写明。

8. 售后服务

这是问题横生的一大项条款，很多细节都需要注意：产品的保质期、保修期是多久？售后服务范畴是什么？服务方法是什么？处理周期是多长？这些细节都要一一注明。比如：

（1）返厂维修还是乙方派人维修？费用由哪方承担？

（2）涉及的维修配件、维修项目有哪些？

（3）如果是高端复杂设备，有偿服务的价格如何？单项人工和设备的价格如何？

（4）服务响应速度有多快？期限是多久？

9. 甲乙双方的责任与义务

这里有一个要点：讲究甲乙双方责任、义务的平等性与平衡性，"天平"不能向任何一方倾斜。内容根据实际情况列明即可。

10. 违约责任

这是保证采购合同能够履行的重要条款。千万别只写"因××违约，应赔偿相应经济损失"（相当于白写），一定要在合同中做出详细的违约赔偿规定，比如：定金金额、违约金金额、赔偿金的计算方法。

当然也会遇到一些不可抗力情况，应在合同中列出不可抗力因素、所需相应部门证明、时限等信息，予以免责。

11. 争议解决

争议解决条款涉及的是产生纠纷的解决方法，主要有仲裁和诉讼两种。尽量在合同中标注约定履行地，否则若按照实际履行地执行，可能给己方带来不必要的麻烦。

12. 其他细节

（1）合同编号：编号是公司合同管理工作的一部分，需要做好记录。特别是采购订单多、合同多的时候，为了提高效率，合同编号尤为重要。

（2）附件：在合同正文中需要备注的详细内容都可以添加在附件中，以文档或表格的形式，如前面提到的授权书、标的物指标、验收标准或产品说明书等。

（3）保密协议和反贿赂条款：对于合同中需要保密的关键信息，要增设保密协议；对于采购过程中可能出现的人员道德问题，也要由合同规范约束。

（4）合同变更：合同执行时可能会出现原材料涨价、工艺变更、交期延迟等情况，这时候就需要做合同变更。切记一定要经双方同意，并以书面形式签订补充协议。

（5）盖章：合同签订的最后一步，一定要盖公章或者合同章。合同和附件的每一页都要加盖骑缝章。

第三节　采购合同的执行

有效地控制物资采购合同的法律风险，实现合同签订双方的预期目的，让合同给企业带来利益，避免因合同的不规范给企业带来不必要的损失，主要应从合同的签订、履行、最终结果三个阶段进行管理。

一、履行采购合同的督导

在买卖双方签订采购合同以后，买方为了避免卖方无法履约或交货，因此就卖方的生产计划、制造过程中的抽检环节、物料的供应等有关作业进行督导。一般履约督导的有关事项如下。

1. 履约督导的一般规定

履约督导的一般规定如下：

（1）为了确保供应商能如期交付符合约定品质与数量的产品，在签约后需进行督导。

（2）履约督导要由验收单位或技术人员主办。

（3）督导时一旦发现问题，应立即要求供应商改进，否则应请采购部门采取补救措施。

（4）对于特殊情况的采购，要加强履约督导，例如紧急采购、大宗采购、精密设备采购、技术性要求高的加工等。

2. 履约督导的方式

履约督导有图4-4所示的两种方式。

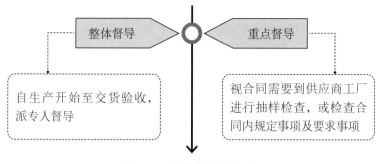

图4-4　履约督导的方式

3.国内采购对制造商的履约督导要点

国内采购对制造商的履约督导要点如下：

（1）原料准备是否充分，不足者有无补充计划？

（2）设备及工具是否齐全？

（3）制造计划与合同所列品名、规格、数量是否相同？

（4）生产进度的安排是否妥当，是否符合契约上的交货期？

4.国外采购的履约督导要点

（1）对贸易商的督导。与国外制造商联系的情形如何？是否定期报告制造进度？预期交货的数量及船期的安排如何？进口日期是什么时候？国外厂商如果无法如期交货，其补救办法如何？

（2）外购案如果由国外厂商直接报价签约，其履约督导可通过政府驻外单位寻求协助办理，或委托国外征信机构办理。

（3）外购案如果经由本公司驻国外采购单位办理，履约督导可视该国实际情况而依照国内采购案的规定进行。

二、采购合同的修改

一般采购合同签订以后以不再变更为原则，但为了维护卖方和买方的共同利益，须经买卖双方共同协商对合同加以修改。但合同的修改必须在不损及买卖双方的利益及其他关系人权益的条件下进行。通常有下列情形时，须协议修改合同条款：

1.作业错误而经调查原始技术资料可予证实的

合同签订以后如发现作业有错误而须加以更正时，应以原始技术资料为准，经买卖双方协议加以修正，并将修正情形通知相关单位。

2. 制造条件改变导致卖方不能履约的

在合同履约督导期间，若因制造条件发生不可预见的改变，判定卖方不能履约，而且因物料供应不能终止合同或解除合同，而重新订购又不可行时，买方可以通过协议适当地修改原合同后要求卖方继续履约。

3. 以成本计价签约而价格有修订的必要的

以成本计价的合同，当成本改变并超过合同规定的限度时，买卖双方均可提出要求修订合同所定的总成本。固定售价合同的价格以不再改变为原则，有下述情形时可协议修改：

（1）由于生产材料价格暴跌致使卖方获取暴利时，可协议修订价格。

（2）由于生产材料价格暴涨致使卖方履约交货困难，解约重购对买卖双方不利时，可协议修订价格。

三、采购合同的取消

取消合同即不履行合同的义务，因此本着公平的原则，不遵守合同的一方必须承担取消合同的责任。但在法律上，到底哪一方须负担责任，应视实际情形决定。一般取消合同大致有违约取消、为了买方的方便而取消、双方同意取消三种情形，其具体内容如下。

1. 违约取消

违反合同有两种情况：

（1）卖方不依约履行。例如，交货的规格不符、不按时交货，其违约的原因可能是故意、无能力履行或其他无法控制的因素。

（2）买方的违约。例如，不按时开立信用证而取消合同。

2. 为了买方的方便而取消

比如，买方由于利益或其他因素不愿接受合同的标的物而取消合同，此时卖方可要求买方赔偿其所遭受的损失。

3. 双方同意取消

此种情形大都出于不可抗力情形。

四、采购合同的终止

为维护买卖双方的合法权益,在采购合同内应订有终止合同的条款,以便在必要时终止合同的全部或其中的一部分。

1.采购合同终止的原因

在履约期间,因天灾人祸或其他不可抗力因素,供应商丧失履约能力时,买卖双方均有权要求终止合同。

卖方有图4-5所示的原因时,买方可要求终止合同。

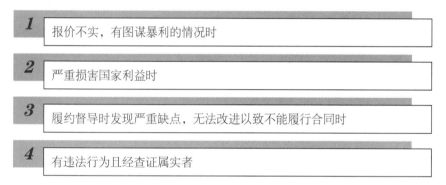

图4-5 采购合同终止的原因

2.采购合同终止的赔偿责任

其具体赔偿责任如下:

(1)因需要变更而由买方要求终止合同者,卖方因此遭受的损失,由买方负责赔偿。

(2)因卖方不能履约,如果属于天灾人祸或不可抗力因素引起的,买卖双方都不负赔偿责任。但如果卖方不能履约是因为人为因素,买方的损失由卖方负责赔偿。

(3)因特殊原因而导致合同终止的,买卖双方应负何种程度的赔偿责任,除合同中另有规定而依其规定外,应由有关单位及签约双方共同协议解决,如无法达成协议,则可采取法律途径解决。

(4)采购合同规定以收到信用证为准并订明在收到信用证以后多少日起为交货日期。由于其在开立信用证以前尚未具体生效,此时不论买卖双方是否要求终止合同,任何一方均可径行通知对方终止合同而不负任何赔偿责任。

(5)信用证有效日期已过而卖方未能在有效期内装运并办理押汇时,买方以不同意展延信用证日期而终止合同,此时买方不负任何赔偿责任。

(6)如果在交货期内终止合同,除合同另有规定以外,合同的终止需经买卖双方协议同意，否则可视实际责任要求责任方负赔偿责任。

3.国内采购合同终止的规定

（1）买方终止合同。买方验收单位根据规定终止合同时，应立即通知卖方，并在通知书上说明合同终止的范围及生效的日期。

卖方接到通知以后，应按照图4-6所示的规定办理。

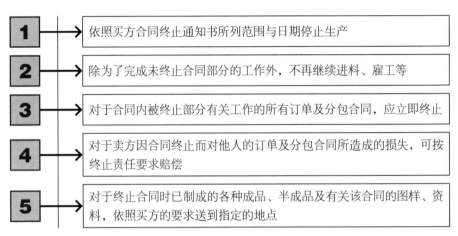

图4-6　买方提出终止合同后卖方的处理方法

合同终止责任如属买方，卖方接到合同终止通知书后，可在六十天内申请赔偿。如卖方未能在规定的期限内提出请求，则买方依情况决定是否给予卖方赔偿。

（2）卖方终止合同。合同终止责任如属卖方，卖方应在接到合同终止通知书后，在规定期限内履行赔偿责任。如果终止合同仅为原合同的一部分，对于原合同未终止部分应继续履行。

第五章

采购订单管理

第一节 采购订单处理

任何作业都有一定的程序或须经过一定的手续，采购订单的处理也是如此。一般而言，采购订单的处理需要经过请购确认、订单准备、选择供应商、签订订单等步骤。

一、请购确认

1. 确认需求

确认需求就是在采购作业之前，应先确定购买哪些物品、买多少、何时买、由谁决定等，这是采购活动的起点。

任何采购都产生于企业中某个部门的确切的需求。生产或使用部门应该清楚地知道本部门独特的需求：需要什么、需要多少、何时需要。这样，仓储部门会收到这个部门发出的物品需求单，经汇总后，将物品需求信息传递给采购部门。有时，这类需求也可以由其他部门的富余物品来满足。当然，或迟或早，企业必然要进行新的物品采购，采购部门必须有通畅的渠道能及时发现物品需求信息。

同时，采购部门应协助生产部门一起预测物品需求。采购管理人员不仅应要求需求部门在填写请购单时尽可能地采用标准化格式，尽量少发特殊订单，而且应督促其尽早地预测需求以避免产生太多的紧急订单，从而减少因特殊订单和紧急订单而增加的采购成本。

另外，由于了解价格趋势和总的市场情况，有时为了避免供应中断或价格上涨，采购部门必然会发出一些期货订单。这意味着对于任何标准化的采购项目，采购部门都要将正常供货提前或其他的主要变化通知使用部门，对物品需求作出预测。因此要求采购部门和供应商能早期介入（通常作为新产品开发团队的一个成员），采购部门和供应商早期介入会给企业带来许多有用信息和帮助，从而使企业避免风险或降低成本，加快产品推向市场的速度，提升竞争优势。

2. 需求说明

需求说明就是在确认需求之后，对需求的细节如品质、包装、售后服务、运输及检验方式等，都要加以准确说明和描述。采购部门如果不了解使用部门到底需要什么，就不可能进行采购。出于这个目的，采购部门就必须对申请采购物品的品名、规格、型号等有一个准确的说明。如果采购部门的人员对申请采购的产品不熟悉，或关于请购事项的描述不够准确，应该向请购者或采购团队咨询，采购部门不能单方面想当然地处理。

由于在具体的规格要求交给供应商之前，采购部门是能见到它的最后一个部门，因此采购部门需要对其做最后一次检查。这一步完成之后要填写请购单，请购单应该包括以下内容：

（1）日期。
（2）编号（以便于区分）。
（3）申请的发出部门。
（4）涉及的金额。
（5）对于所需物品本身的完整描述以及所需数量。
（6）物品需要的日期。
（7）任何特殊的发送说明。
（8）受权申请人的签字。

二、订单准备

采购人员在接到审核确认的请购单之后，应进行图5-1所示的采购订单准备工作。

图5-1 采购订单准备

1.熟悉物品项目

采购人员首先应熟悉订单计划，订单上采购的物品种类有时可能很多，有时可能是从来没有采购过的物品项目，其采购环境不一定被人熟知，这就需要采购人员花时间去了解物品项目的技术资料等。

2.确认价格

由于采购环境的变化，作为采购人员，应对采购最终的价格负责。采购人员有权利向采购环节（供应商群体）价格最低的供应商下达订单合同，以维护企业利益。

3.确认质量标准

采购人员与供应商的日常接触较多，由于供应商实力的变化，对于前一订单的质量标准是否需要调整，采购人员应随时掌握。

4.确认物料需求量

订单计划的需求量应等于或小于采购环境订单容量（经验丰富的采购人员不查询系统也能知道），如果大于订单容量，则提醒认证人员扩展采购环境订单容量；另外，对于计划人员的错误操作，采购人员应及时提出，以保证订单计划的需求量与采购环境订单容量相匹配。

5.制定订单说明书

订单说明书的主要内容包括说明书（项目名称、确认的价格、确认的质量标准、确认的需求量、是否需要扩展采购环境订单容量等方面），另附有必要的图纸、技术规范、检验标准等。

三、选择供应商

订单准备工作完毕后，采购人员的下一步工作就是最终确定某次采购活动的供应商。确定某次具体采购活动的供应商，应做好表5-1所示的工作。

表5-1　确定具体采购活动供应商的工作

序号	工作事项	具体说明
1	查询采购环境	采购人员在完成订单准备后，要查询采购环境信息系统，以寻找适合本次物品供应的供应商。认证环节结束后会形成公司物品项目的采购环境，用于订单操作。对于小规模的采购，采购环境可能记录在认证报告文档中；对于大规模的采购，采购环境则使用信息系统来管理。一般来说，一项物品应有三家以上的供应商，特殊情况下也会出现一家供应商，即独家供应商
2	计算供应商订单容量	如果向一个容量已经饱和的供应商下单，订单可能很难正常执行，最后导致订单操作的失败。作为经验丰富的采购人员，首先要计算采购环境中供应商的订单容量，哪些是饱和的，哪些有空余容量。如果全部饱和，应立即通知相关认证人员，并进行紧急处理
3	与供应商确认订单	从主观上对供应商的了解需要得到供应商的确认，供应商组织结构的调整、设备的变化、厂房的扩建等都影响供应商的订单容量；有时需要进行实地考察，尤其要注意谎报订单容量的供应商

续表

序号	工作事项	具体说明
4	确定意向供应商	采购人员在权衡利弊（既考虑原定的订单分配比例，又要考虑现实容量情况）后可以初步确定意向供应商，以便确定本次订单的供应商，这是订单操作有实质性进展的一步
5	发放订单说明书	既然是意向，就应该向供应商发放相关技术资料，一般来说，采购环境中的供应商应具备已通过认证的物品生产工艺文件。如果是这样，订单说明书就不要包括额外的技术资料。供应商在接到技术资料并分析后，即向采购人员作出"接单"还是"不接单"的答复
6	确定物品供应商	通过以上过程，采购人员就可以决定本次订单计划所投向的供应商，必要时可上报主管审批，供应商可以是一家，也可以是若干家

四、签订订单

在选定供应商之后，接下来要做的工作就是同供应商签订正式的采购订单。采购订单根据采购物品的要求、供应的情况、企业本身的管理要求、采购方针等的不同而各不相同。签订采购订单一般需要经过以下过程。

1.制作订单

拥有采购信息管理系统的企业，采购人员直接在信息系统中生成订单；在其他情况下，需要订单制作者自行编排打印。通常企业都有固定标准的订单格式，而且这种格式是供应商认可的，采购人员只需在标准合同中填写相关参数（物品名称代码、单位、数量、单价、总价、交货期等）及一些特殊说明，即完成合同制作。需要说明的是：价格及质量标准是认证人员在认证活动中的输出结果，已经存放在采购环境中，采购人员的操作对象是物品的下单数量及交货日期，特殊情况下可以向认证人员建议修改价格和质量标准。

跨国采购的双方沟通不易，订购单成为确认交易必需的工具，如表5-2所示。采购单位确定采购对象后，通常会寄发订购单给供应商，作为双方将来交货、验货、付款的依据。国内采购可依情况决定是否给予供应商订购单。由于采购部门签发订购单后，有时并未要求供应商签署并寄回，形成买方对卖方的单向承诺，实属不利。但订购单能使卖方安心交货，甚至可获得融资的便利。

订购单内容应特别侧重交易条件、交货日期、运输方式、单价、付款方式等方面。根据用途不同，订购单可分为：厂商联（第一联），作为厂商交货时的凭证；回执联（第二联），由厂商签认后寄回；物品联（第三联），作为控制存量及验收的参考；请款联（第四联），可取代验收单；承办联（第五联），由制发订购单的单位自存。

表 5-2　订购单

编号：　　　　　　日期：

厂商		编号		地址		电话	
订购内容							
交货地点							
项次	物料名称	料号	单位	订购数量	单价	金额	交货日期	交货数量

项次	物料名称	料号	单位	订购数量	单价	金额	交货日期	交货数量
1								
2								
3								
4								
5								
6								
…								
合计								
合计金额（大写）				万　仟　佰　拾　元　角　分				

交易条款

1. 交期

　　承制厂商须依本订单之交期或本公司采购部所作电话或书面调整之交期交货，若有延误，逾一日扣该批款的____%。

2. 品质

（1）依照图纸要求。

（2）进料检验：依MIL-STD-105D Ⅱ级抽样表抽样检验，AQL（合格质量水平）=0.65%。

3. 不良处理

（1）经检验后的不合格品，应于三日内取回，逾时本公司不负责。

（2）如急用需选别，所产生的费用，依本公司的索赔标准计费。

4. 附件

（1）产品图纸：____张。

（2）检验标准：____份。

总经理		经理		主管	
承办人		承制厂			

2. 审批订单

审批订单是订单操作的重要环节，一般由专职人员负责。主要审查内容为：

（1）合同与采购环境的物品描述是否相符。

（2）合同与订单计划是否相符。

（3）确保采购人员按照订单计划在采购环境中操作。

（4）所选供应商均为采购环境之内的合格供应商。

（5）价格在允许范围之内，到货期符合订单计划的到货要求等。

3. 与供应商签订订单

经过审批的订单，即可传至供应商确定并盖章签字。签订订单的方式有图5-2所示的四种。

| 与供应商面对面签订订单，买卖双方现场盖章签字 | 采购人员使用传真机将打印好的订单传至供应商，并且供应商以同样方式传回 | 使用E-mail进行合同的签订，买方向供应商发订单E-mail，供应商回复邮件，则表示接受订单并完成签字 | 建立专用的订单信息管理系统，完成订单信息在买卖双方之间的传递 |

图5-2　签订订单的方式

4. 执行订单

在完成订单签订之后，即转入订单的执行阶段。加工型供应商要进行备料、加工、组装、调试等过程；存货型供应商只需从库房中调集相关产品并适当处理，即可送往买家。

五、小额订单的处理

小额订单问题对所有企业而言都是一件值得关注的事情。绝大多数的申请都符合帕累托定律（也被称为ABC分析法）。这一定律指出：全部采购申请的80%仅仅占了全部采购金额的20%。当对企业的采购活动进行分析时，许多企业会发现，90%的采购交易仅仅占了采购总金额的10%。然而许多企业在处理价值500元与5000元的采购事项上的花费差不多。这里要注意的是，为处理小额订单而设立的采购体系的成本与这些订单的金额之间要匹配。小额订单虽然物料价值不高，但物料短缺导致的损失可能远超物料价值，因而，确保这些物料的供应通常是企业要满足的首要目标。

解决小额订单问题有许多办法。通常，这些办法都涉及采购过程的简化或自动化，或是合并采购，以便缩短采购周期（从发现需求到支付货款的这段时间）、削减管理费用、节省采购人员的时间以将其用于金额更高的或更重要的采购事项。具体问题的解决办法有：

（1）如果过失在于使用部门，采购部门应该建议其提高采购申请中标准件的数量。

（2）供应部门收到小额订单申请后将其积累起来，直到总金额达到一个可观的数额为止。

（3）建立采购申请日程表，在特定日期接受并处理某些事项的采购申请，这样，对某一物料或服务的采购申请都会在同一天收到，或对某一个供应商所能提供的所有物料的申请都在同一天提出。

（4）使用"无库存采购"或"系统合同"的概念。

（5）向内部顾客发放采购信用卡，用以直接向供应商采购。

（6）采购部门建立空白订单制度，可使内部顾客用它发出订单，供应商汇总收款。

（7）建立和主要供应商之间的电子联系，这样，订购和再订购可以自动地进行。

（8）处理小额订单的权限和报价过程应该重新调整，可以使用电话和传真进行订购。

（9）对于各种不同的物料和服务需求，应尽量在某个或某些合适的供应商处进行订购。

（10）价值较低的订单交给公司外的第三方去处理。

（11）采用无票据支付手段（自己主动计算需支付的金额），或是发订单时就附上空白支票。

（12）使用者直接下订单。

六、紧急订单的处理

通常，采购部门会收到很多标注着"紧急"字样的订单。紧急订单的出现不可避免，也有其存在的理由。款式和设计上的突然改变以及市场状况的突然变化都会使精心规划的物料需求不再适用。如果实际所需的部件或物料没有库存，生产的中断就不可避免。

1.紧急订单产生的原因

现实中许多所谓的"紧急"订单实际上并不紧急。这些订单产生的原因有：

（1）错误的库存控制。

（2）生产计划和预算的不足。

（3）对供应部门在合适的时间内向使用者提供物料的能力缺乏信心。

（4）完全出于习惯，在订单上标注"紧急"的字样。

处理这种订单的代价通常较大，而且也会给供应商带来负担，必然会直接或间接地体现在买方最后的价格之中。

2.如何应对紧急订单

对于那些并不是出于紧急需要而制定的所谓"紧急"订单而言，采购部门可以通过正确的采购流程加以解决。

比如在一家公司，如果某个部门发出了紧急订单，这个部门必须向总经理作出解释并得到批准。而且，即使这一申请得到批准，紧急采购所增加的成本在确定之后也要由发出订单的部门来承担，其结果自然是紧急订单大量减少。

七、采购订单的传递和归档

不同公司在采购订单一式几份以及如何处理这些副本方面各不相同。典型情况下，采购订单的传递路径如下：原件发往供应商，有时随单附一份副本以便供应商返回作为其接受合同的证明；一份副本归入按顺序编号的采购订单卷宗中由采购部门保管，有些公司里，采购部门不保存采购订单的副本，而是把采购订单拍照后，用缩微胶片的形式进行保存；一份副本由供应商保管；会计部门也会收到一份订单副本以便于处理应付账款；一份副本发往仓储部门，便于其为接收物料做准备；如果公司组织结构把收货和仓储两个职能分开处理，收货部门也会收到一份副本。这些副本将按照供应商名称的字母顺序进行归档，并用于记录货物到达后真正收到的数量。如果收到的物料还要经过检验（通常原材料和生产部件就是这样），也要送一份副本到检验部门。

尽管采购订单的所有副本在内容上都是相同的，并且是一次性同时填写完毕的，但是，这并不意味着它们在形式上也必须一模一样。例如，供应商的接受函上可能包含其他副本不必列出的表明其接受意见的条款。填写收货方面的各项数据仅仅是收货部门对订单副本的要求。采购部门的订单副本则可能要求列出发货承诺、发票以及运输等方面的条款，由于价格的保密性，一般而言这些信息不会出现在收货部门的副本上。

实际中，采购订单会以不同的方式加以保存，但关键是在需要这些文件的时候可以轻而易举地找到它们。目前可能做到的是：所有与一笔特殊采购的订单有关的文书都应该附在一份订单副本上。如果可能的话，还要将其在某处归档并建立交叉索引，以便需要时可以很快找到。

对于一式两份的采购订单的归档问题，一般一份按采购订单的编号顺序保管；另一份与相关的采购申请和往来信件一起，按照供应商名字的字母顺序加以保管。除此之外，还可以把一份按供应商名字的字母顺序进行保管，而另一份按应该从供应商那里收到接受函的期限归入到期票据记录簿中。如果到期后没有收到供应商发来的接受函，这个结果会记录在这份副本上。然后，采购部门进行跟踪接触以督促供应商发出接受函，同时，将订单上的到期日期顺延。如果供应商最终接受了订单，到期票据记录簿中的这份副本就应按最后跟踪接触的日期或货运到期日进行归档。

第二节 采购订单跟踪

采购订单跟踪有三个方面的目的：确保合同正常执行、满足企业的物料需求、保持合理的库存水平。在实际订单操作过程中，合同、需求、库存三者之间会相互产生矛盾，突出的表现为：由于各种原因合同难以执行、需求不能满足导致缺料、库存难以控制。能否恰当地处理供应、需求、缓冲余量之间的关系是衡量采购人员能力的关键指标。

一、采购订单执行前跟踪

制定完一个订单合同后，订单人员要及时了解供应商是否接受订单、是否及时签订等情况。

在采购环境里，同一物料往往有几家供应商可供选择。独家供应商的情况很少。尽管每个供应商都有分配比例，但在具体操作时可能会遇到因为各种原因而产生的拒单现象，由于时间变化，供应商可能要提出改变"认证合同条款"，包括价格、质量、交货期等。作为订单人员应充分与供应商进行沟通，确定本次物料的供应商，如果供应商按时签返订单合同，则表明订单人员的选择正确；如果供应商确定难以接受订单，可以在采购环境里另外选择其他供应商，必要时要求认证人员协助办理。与供应商正式签订过的合同要及时存档，以备后查。

二、采购订单执行过程跟踪

与供应商签订的采购协议具有法律效力，订单人员应全力跟踪，确定需要变更时要征得供应商的同意，不可一意孤行。订单跟踪应把握图5-3所示的事项。

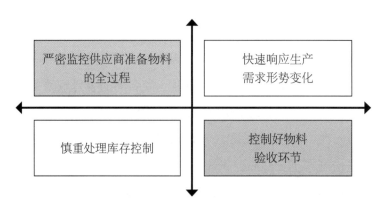

图5-3 采购订单执行过程跟踪应注意的事项

1. 严密监控供应商准备物料的全过程

在监控过程中发现问题要及时反馈，需要中途变更的要立即解决，不可贻误时机。不同种类的物料，其准备过程也不同，总体上可分为两类。

第一类是供应商需要按照样品或图纸定制的物料，需要加工过程，周期长、变数多。

第二类是供应商有存货的物料，不需要加工过程，周期短。

因此前者跟踪过程复杂，后者相对比较简单。

2. 快速响应生产需求形势变化

如果因生产需求紧急，需要本批物料立即到货，应马上与供应商协商，必要时可帮助供应商解决疑难问题，保证需求物料的准时供应。企业常把供应商比作自己的战略合作伙伴，这时正是需要伙伴出力的时候。有时市场需求不足，企业经研究决定延缓或取消本次订单，订单人员也应尽快与供应商进行沟通，确定其可承受的延缓时间，或终止本次订单操作，给供应商相应的赔偿。

3. 慎重处理库存控制

库存水平在某种程度上体现了订单人员的水平。既不能让生产缺料，又要保持最低的库存水平，这确实是一个难以处理的问题，订单人员的经验与能力在此得以充分显现，高下立判。当然，库存问题还与采购环境的柔性有关，而这反映出认证人员的水平。库存问题也与计划人员有关。

4. 控制好物料验收环节

物料应送达订单规定的交货地点，交货地点对国内供应商而言一般是企业原材料库房，对国外供应商而言一般是国际物流中转中心。境外交货的情况下，供应商在交货前会将到货情况表单传真给订单人员，订单操作者应按照原先所下的订单对到货的物品、批量、单价及总金额等进行确认，并录入归档，开始办理付款手续。境外的付款条件可能是预付款或即期付款，一般不采用延期付款，而是与供应商一手交钱、一手交货，因此订单人员必须在交货前把付款手续办妥。

三、采购订单执行后跟踪

1. 付款

应按合同规定的支付条款对供应商付款，并进行跟踪。采购订单执行完毕的柔性条件之一是供应商收到本次订单的货款,如果供应商未收到付款,订单人员有责任督促付款人员按照流程规定加快操作,否则会影响企业信誉。

2.使用中物料问题的处理

物料在使用过程中可能会出现问题,偶发性的小问题可由采购人员或现场检验者联系供应商解决,重要的问题可由质检人员、认证人员解决。

第六章
采购数量控制

第一节　确定适当的数量

采购数量过多，必然造成冗余，既占用了采购资金，又增加了不必要的库存空间；采购数量不足，则会直接影响生产经营的正常进行。因此，确定适当的采购数量一直是企业采购中追求的一个目标。

一、什么是适当的数量

适当的数量是指对买卖双方而言最为经济的数量。对买方来说是经济的订货数量，对卖方而言为经济的受订数量。经济的订货数量视材料或零配件不同而不同。

二、影响订购数量的因素

采购主管在进行数量控制前，必须对影响订购数量的各种因素进行分析，以便采取有效的控制方法。影响订购数量的因素如表6-1所示。

表6-1　影响订购数量的因素

序号	因素	具体说明
1	随采购批量大小而变化的价格	一般是数量越多，价格越低，因为供应商不需换模、重新安排作业等，可以一次性加以生产，而搬运工作也能一次性完成
2	库存量变化	要拥有多少库存，除涉及经营方针外，也视物料或零配件的不同而异。需要占用仓库空间进行保管的物料，有必要尽量减少库存。另外，容易老化或变质的物料，只要少量存放即可
3	资金是否充裕	若资金较宽裕，则合起来订货较为便宜；若资金拮据，则不宜合起来订货。另外，资金或许还不至于那么紧迫，但若建设新的工厂或增设机器设备需要资金时，订货数量也将受到限制
4	订货次数	订货单的填制次数越多，所花费用越大。尤其是价格低的物料，零零碎碎订货，办手续所花的成本恐怕会高于物料本身的价格
5	消费量	每天使用的数量不多，但视为交易的单位，没有达到一定的数量无法订购时，务必凑成最小的交易单位才可订购。比如，铜线必须以5千克或10千克一卷作为交易单位
6	备用材料的有无	进货延迟时，若备有融通使用的材料，则订货数量不必多
7	材料取得的难易程度	受季节性因素限制，仅某一季节才能上市的物料，也只好集中在该季节一起订购

续表

序号	因素	具体说明
8	生产管理方式	采用JIT（准时化生产）之类的生产管理制度的公司，其订货数量必然限于最小
9	订货到进货的期间	假如不考虑卖方制订生产计划所需的期间、生产所需期间、运输期间、验收期间来决定订货的数量，则会发生缺货损失
10	生产、捆包、出货的一般交易单位	假如少于一个交易单位，会发生无法进货或延误进货等情况
11	保管设备	保管设备不同、保管场所的大小不同，其订货数量也不一样
12	市场状况与价格倾向	产品价格会变动，影响其订购数量，如金属（铜、铅、锡、镍等）、贵金属（金、银、白金等），判断其价格会上涨时，则要成批地订货

第二节 选择适当的数量

一般而言，适当的采购数量对于供需双方来说是一种健康状态下的双赢。采购员进行采购也要讲究"正好"原则，采取合适的方法努力选择最为适当的采购数量。

一、定期采购控制法

定期采购控制法是按预先确定的订货间隔进行采购、补充库存的一种采购成本控制方式。企业根据过去的经验或经营目标预先确定一个订货间隔。每经过一个订货间隔就进行订货，每次订货数量都不同。

1.定期采购的适用分析

实施定期采购，要明确其适用范围和优缺点，以进行有针对性的采购，具体如表6-2所示。

表6-2 定期采购的适用分析

序号	事项	说明
1	适用范围	（1）需要量变动大的物料 （2）价格昂贵的物料 （3）主力物料、季节性物料 （4）能够正确预测需要量的物料

续表

序号	事项	说明
2	优点	（1）能自由调整订货量 （2）可以顺应需求而作变动，对需求的预测也比较精准 （3）由于订购周期固定，因此可以有计划地作业 （4）能够同时订购多种商品，库存量也可减少
3	缺点	（1）现有库存量的确认作业手续烦琐 （2）每次订购时都要确定订货量，使预测判断和管理都很困难 （3）需要量变动大的物料很难作库存调整

2.订货量的计算

进行定期采购，一般先要确定订货周期（一个星期或一个月），然后设定截至目前的销售实绩（出货、使用、消费），并计算预订量与实际存货量之间的差额，再确定订购的数量。具体来说，其计算公式如下：

订货量=（订货周期+预备期间）中的销售预订量+（订货周期+预备期间）中的安全存量-（现有的存货量+已订购的数量）+接受订货的差额

例如，A商品订货量的计算方法：

① A商品的订货周期：1个月。

② A商品的预备期间：2个月。

③ A商品的销售预订量：800个。

④ A商品的安全存量：940个。

⑤ A商品的存货量：1150个。

⑥ A商品的已订购数量：1400个。

⑦ 接受A商品订货后的差额：30个。

根据以上信息和计算公式，A商品的订货量=（1+2）×800个+940个-（1150个+1400个）+30个=820个。

按照上面的公式，可以求出A商品的订货量，一个月预计订购820个。

二、运用定量采购控制法

定量采购控制法是当库存量下降到预定的最低库存数量时，按规定数量〔一般以EOQ（经济订货批量）为标准〕进行采购补充的一种采购成本控制方式。

当库存量下降到订货点（也称为再订货点）时马上按预先确定的订货量（Quantity，Q）发出订单，经过前置时间（Lead Time，LT），收到订货，库存水平即上升。

1.定量采购的适用分析

实施定量采购,要对其适用范围、优缺点、实施要点进行分析,具体如表6-3所示。

表6-3 定量采购的适用分析

序号	事项	说明
1	适用范围	(1)单价低的物料 (2)经常要确保一定量的存货物料 (3)预备期间短、容易筹措的物料 (4)一次性统筹购进,并且不容易造成存货负担、不容易呆滞的物料 (5)易于采用目测管理的物料 (6)变动量小的物料 (7)节省管理的时间、人力,并且还可以期望用于降低各项成本的物料
2	优点	(1)不需要复杂的算式 (2)节省管理的时间、人力 (3)能够使用目测方式管理 (4)订货数量一定,所以能够促进包括搬运在内的各种处理、作业的标准化,以及节省人力及费用 (5)任何人都能胜任,所以订货成本也低 (6)不用赘述,关于存货的总费用一定是最低 (7)能使用简易的个人电脑来管理订货
3	缺点	(1)运用方式形式化,使得库存调整不易 (2)不适用于供应期间较长的物料或交期长的物料 (3)各类物料的订货点确认作业十分困难
4	实施要点	必须预先确定订货点和订货量

2.定量采购的具体应用

进行定量采购,要确定好订货点和订货量。

求订货点的公式为:

订货点=平均销售速度(一个月内的平均销售量)×预备期间+安全存量

但经济订货量及订货点,一定要大于或者等于预备期间乘以一个月的平均销售量。

例如,B商品的订货量和订货点:

① B商品平均一年的总销售量:1000个。
② B商品的购入单价:1000元。
③ B商品平均一次的订购费用:50元。
④ B商品的存货维持费比率:20%。

截至此，按照①~④的条件，可以求出经济订货量大约是70.7个，最经济的订货次数大约是一年14.12次。

⑤ B商品平均一个月的销售量：83.3个。

⑥ B商品的预备期间：0.5个月。

⑦ B商品的安全存量：15个。

订货点=83.3个×0.5+15个=56.65个。

这也就是说，存货维持在56.65个，商品还剩56个或者57个时，就要再订购71个。

三、选择合适的订购方式

采购员可参考以上各种采购数量控制方法，选择合适的订购方式。具体的选择流程如图6-1所示。

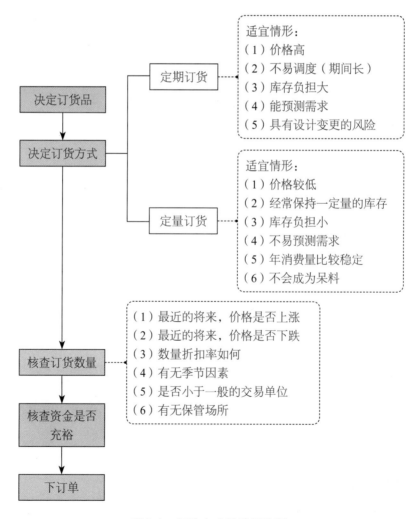

图6-1　订购方式的选择流程

相关链接

如何确定每一次的最佳采购量

确定每一次的最佳采购量对于企业来说非常重要,它可以帮助企业优化库存管理、降低成本、提高效率,并满足客户需求。但是,确定最佳采购量并不是一项简单的任务,需要综合考虑多个因素。

首先,确定最佳采购量的关键是分析历史销售数据和需求模式。通过仔细研究过去的销售数据,可以了解产品的销售趋势和周期性需求。这包括季节性需求、特殊促销期间的销售量以及市场趋势的变化。通过对这些数据的分析,可以预测未来的需求,并相应地确定最佳采购量。

其次,需要考虑供应链的弹性和交货时间。不同的产品和供应商,可能存在不同的供应链延迟和交货时间。这些因素会影响产品的及时供应。因此,在确定最佳采购量时,需要综合考虑供应链的弹性和交货时间,以确保产品能够按时到达,避免库存过剩或短缺的问题。

再次,与供应商的合作和沟通也是确定最佳采购量的关键。企业保持与供应商的良好合作和沟通,可以及时获得关于市场动态和产品供应情况的信息。供应商可能具有更好的市场洞察力和对销售趋势的了解,这对于确定最佳采购量非常重要。建立稳定的供应关系,并与供应商保持紧密的合作,有助于双方共同制定最佳采购策略。

另外,利用合适的库存管理工具和技术也是确定最佳采购量的有效方式。先进的预测模型和库存管理系统(如ERP系统)可以帮助企业精确地计算最佳采购量。这些工具和技术可以基于历史销售数据和需求模式进行预测,并提供实时的库存管理和补货建议。通过有效地利用这些工具和技术,企业可以更准确地确定最佳采购量,并避免库存过高或过低的风险。

除了以上提到的因素,还有其他一些影响最佳采购量的因素需要考虑。例如,产品的保质期和过期风险、采购成本和运输成本、市场需求的波动性等。

针对不同的产品和行业,这些因素的重要性可能有所不同。因此,采购员需要根据企业自身的情况和需求,综合考虑这些因素,以确定最佳采购量。

在确定最佳采购量的过程中,应该注意避免过度采购或采购不足的问题。过度采购会导致库存积压、资金占用和产品过期风险,而采购不足可能导致缺货、延误交付和客户流失。因此,企业需要基于数据分析和评估,不断优化最佳采购量,并根据市场的变化进行调整。

总结而言,确定每一次的最佳采购量是一个复杂的过程,需要综合考虑历史销售数据、需求模式、供应链弹性、交货时间等因素,还要与供应商保持合作与沟通以及利用适当的库存管理工具和技术。通过准确地确定最佳采购量,企业可以实现库存的优化、成本的降低,能够更好地满足客户需求,提高竞争力,并取得持续的成功。

第七章

采购品质控制

第一节　确定适当的品质

一、什么是适当的品质

所谓适当的品质,是指可以满足买方使用目的的品质。参阅品质管制图(见图7-1),凡是在图中的管制上限与管制下限之间的范围内者,就是适当的品质。若是管制下限以下者,即为不良品;若是管制上限以上者,也不适当,因为品质太好,势必会提高成本,影响利润。

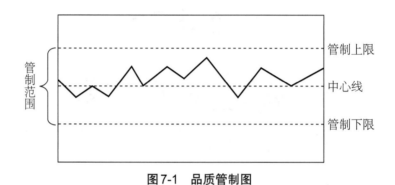

图7-1　品质管制图

二、品质的构成要素

品质的构成要素如表7-1所示。

表7-1　品质的构成要素

序号	要素	说明
1	功能	(1)功能为品质要求的最基本要素 (2)在物料采购前,必须先对拟采购物料的功能或用途作深入了解,才能制定出合宜规范,寻找适当的供应来源,计算成本或估量价格
2	寿命	寿命的长短与产品的品质有关。不同的产品品质对寿命的要求是不同的
3	稳定性	(1)内在的稳定性,主要重视性能的稳定,如生产效率或速率、温度及各种物理或化学特性的变化 (2)外在的稳定性,注重外观的稳定,如形状和结构、颜色以及使用过程中的操控稳定性等 (3)一般来说,稳定性越高,其品质越佳,采购过程中除在报价时应要求供应商做出规格或性能说明外,必要时应作实质测试

续表

序号	要素	说明
4	安全性	除重视采购标的物本身的安全设计或本质上的安全性外，也要注意该项产品在投入生产或使用时有无危险、对环境可能造成的污染与危害的程度、预防措施及费用负担等
5	先进性	在采购时，应注意所采购材料是否为老旧落伍材料，能否迎合现代化潮流，适应大众需要

三、制定品质规格

1. 制定原则

规格制定作业，虽是工程人员或技术员的责任，但为了使物料的规格符合采购要求，采购员对规格的制定应多加留意，并提供适当的建议。有关规格设计的一般原则有图7-2所示的几种。

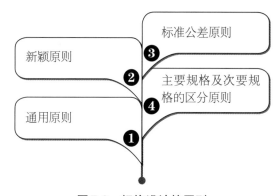

图7-2　规格设计的原则

（1）通用原则。一般的物料尽量采用国际性及通用性的规格，因为这符合标准化要求，可保证品质优良；另外，容易把握料源，后续补充也容易。

（2）新颖原则。规格设计力求新颖，并以适应新发明的原料及制造方法为原则，其理由如图7-3所示。

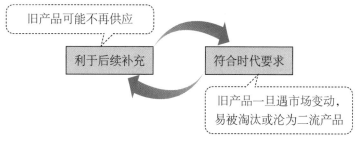

图7-3　采用新颖原则的理由

（3）标准公差原则。规格须有合理的公差，其理由如图7-4所示。

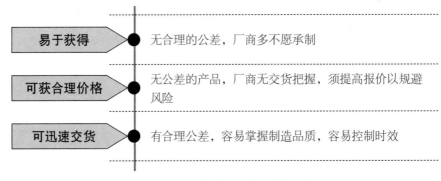

图7-4　采用标准公差原则的理由

（4）主要规格及次要规格的区分原则。主要规格应力求清晰与明确，次要规格应具有弹性，其理由如图7-5所示。

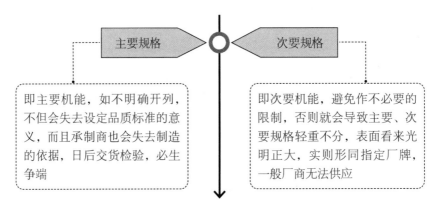

图7-5　采用主要规格及次要规格的区分原则的理由

2.制定品质与规范注意事项

（1）品质的特性。要对所采购的物料进行充分的了解，重点掌握其使用特质，分析主要条件和次要条件。物料品质的基本特性在于既要能满足生产需要，又要供应来源广泛。

（2）市场因素。考虑的市场因素主要包括供货商的选择因素与对供货商的影响因素。供货商的选择因素包括地理位置的选择、技术水准的比较等。而对供货商的影响因素，则是对品质或规范的表示是否明确、各种限制是否合理等。

（3）经济性。品质或规范的优劣程度，特制品与标准规格的取舍、包装、运输等都直接影响产品的价格，因此要慎重比较以后才能作出决定。

3.品质与规范表达方式

（1）规范说明。规范说明通常包括以下内容：物料及制造方法、物理或化学性能、供应商或有关来源的规范资料和标准规格。

① 个别标准由采购员决定。

② 由指定的供应商与使用部门负责人洽商决定。

③ 依据政府、行业、企业所制定的标准规范决定。

> **小提示**
>
> 供应商或有关来源的规范资料只供参考，未必完全符合企业本身的要求，因此，企业采购部门应该自行选择最合适的规范。
>
> 由于买卖双方都有各自的标准，可能无法有效采用，为求手续简化，也可由买卖双方商定规格标准或者采用国家标准。

（2）商标或品牌。当有图7-6所示情况时，企业通常会指定某一商标或品牌进行采购。

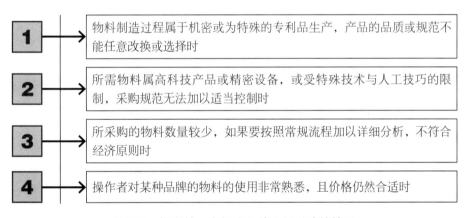

图7-6　指定某一商标或品牌进行采购的情况

（3）图表法。利用设计图或尺寸表来表达规格是十分有效的。设计图还能准确表示出产品的形态或制造方法。有了产品设计图后还便于进行成本估算。

（4）混合表示法。混合表示法就是将物料的各种因素混合比较，一般可分为市场等级表示法与样品表示法两种，如图7-7所示。

图7-7　混合表示法

4.品质与规格分类

（1）规格形态分类

① 商标或品牌。

② 生产方式。

③ 理化性能。

④ 外形描述。长度、重量、体积、高度及其他形状等。

⑤ 规范标准。要指出是国家标准还是行业标准。

⑥ 市场名称。市场所惯用而为人所周知的，例如干电池1号、2号、3号等。

⑦ 图面规范。机器及其零件、工程等。

⑧ 标准样品。以样品为规范的标准。

（2）品质条件分类

① 依照样品为准的品质。

② 依照规范为准的品质。

③ 依照标准品为准的品质。

④ 依照品牌为准的品质。

第二节　供应商品质管理

众所周知，供应商的供货品质对企业产品品质有着至关重要的影响，选择合适的供应商以保证有效的来料品质，已成为众多企业产品品质保证的重要措施之一。目前供应商品质管理的方法主要有以下几种。

一、建立密切的品质关系与反馈制度

凡采购的材料、零部件，都成为企业产品的组成部分，且直接影响产品的品质，包括校正与特殊制程等在内的服务品质应加以考虑。采购方与每一家供应商应建立密切的工作关系与反馈制度，这样才能维持一套持续性的品质改进方案，品质纠纷才可被避免或迅速解决。这种密切的工作关系与反馈制度能使采购与供应双方受惠。采购品质方案，至少应包含下列要项。

1.规格、图样与采购订单的要求

采购业务应拟定一个合适的规则，以确保对供应物品的要求进行明确叙述、沟通，

而最重要的是要完全被供应商所了解。这个规则可包含拟订规格、图样及采购订单，下订单前买卖双方会谈等的书面程序，以及其他适合物品采购的方法。

采购文件应详细载明所购产品或服务的资料。可能包含的要项如下：

（1）式样与等级的精确鉴别。

（2）各种检验说明及适用规格。

（3）所应用的品质系统标准。

2.合格供应商的选择

每一家供应商都应充分展示自己的能力，所供应的物品应符合规格、图样及采购订单中的所有要求。可采取下列方式的组合评价供应商的能力。

（1）现场实地评估供应商的能力及（或）品质系统。

（2）评估样品。

（3）评估类似供应物品以往的记录。

（4）评估类似供应物品测试的结果。

（5）评估其他使用者公布的经验。

3.品质保证的协定

对于供应商所负的品质保证责任，应与其达成明确的协议。供应商所提供的保证，可参考下列要点。

（1）买方信赖卖方的品质保证系统。

（2）随货提送规定的检验、测试数据或制程管制记录。

（3）供应商作百分之百的检验、测试。

（4）供应商逐批抽取样品作检验、测试。

（5）按买方规定实施正规的品质保证系统。

（6）无任何规定时——双方互相信赖，接收进料检验或厂内筛检。

保证条款应与买方企业的经营需要相称且避免不必要的成本。在某些可能涉及正式品质保证系统的情况下，可包含买方对卖方品质保证系统所作的定期评鉴。

4.验证方法的协定

为了确保产品或服务符合买方（采购者）的要求，需要确定明确的查验方法，买方应与卖方（供应者）拟订一个明晰的协定，这个协定也可涵盖为求进一步的品质改进而交换的测试资料。所达成的协定可将要求条件及检验、测试或抽样方法标注在图表上。

5.解决品质纠纷的条款

买方应与卖方拟订各种制度及程序，以解决品质纠纷。所订条款应可用于处理例行性与非例行性等事务。关于制度及程序，最重要的一点是买卖双方对于影响品质的事件，须制定改善沟通管理的条款。

6.接收检验计划与管制

应制定适当的方法以确保接收的物品有适当的管制。这个方法应包含隔离场所或其他合宜方法，以避免不合格物品被不慎误用。接收检验执行的程度应审慎规划。检验为必要时，检验标准的选择应考虑总体成本。此外，如果决定实施检验，必须仔细选择受检的特性项目。

在物品到达前，亦须确定所需的量规、仪表、装备器材等工具均已备妥，且经过了适当的校正，并有足够训练有素的人员。

7.接收品质记录

应保持适当的接收品质记录，确保以往的资料完备，用以评核供应商的绩效与品质趋势。此外，出于追溯的目的而需保存各批次的识别记录文件，某些情况下，可能有用而且必要。

二、通过验收来控制

验收是指检查或试验后，认为合格而接受。需以验收标准的确立，以及验收方法的制定为依据，决定是否验收。

验收的形式、类型与内容如表7-2所示。

表7-2 采购物料验收的形式、类型与内容

区分形式	检验类型	具体内容
以权责来区分	自行检验	指由买方自行负责检验工作，大部分国内物资采购都采用这种方式
	委托检验	指由于买卖双方距离太远或买方本身欠缺某项专业知识，而委托公证行或某专门检验机构代检，如国外采购或特殊规格采购
	工厂检验合格证明	指由制造工厂出具检验合格证明书

续表

区分形式	检验类型	具体内容
以地区来区分	产地检验	在物料制造或生产场地就地检验
	交货地检验	交货地点有买方使用地点与指定卖方交货地点两种，依合约规定而定
以数量来区分	全部检验	一般较特殊的精密产品都采用这种方式，又名百分之百的检验
	抽样检验	即从每批产品中挑选具有代表性的少数产品为样品加以检验

相关链接

不合格品的判定与处理

在与供应商长期合作的过程中，供应商提供的产品可能会出现不合格品，客观合理地判定与处理不合格品对形成良好的企业与供应商关系非常重要。

1. 不合格品的发现

产生不合格品的因素很多，如设备损坏、原材料不合格、工艺控制不严格、人员疏忽、包装防护不够、搬运过程中的损坏、安装调试不当等。根据不合格品产生的原因，质量责任的归属也不尽相同。不合格品的发现往往伴随在产品的使用和检验过程中。进厂零部件经过抽样检验，发现达不到可接受质量水平（AQL），企业就会根据契约或协议规定拒绝接收。如果已经发现了不合格品，但达到了所要求的AQL值，该批产品可以接收。但从概率上讲，该批合格产品中肯定存在不合格品。这些不合格品和后来由于企业自身搬运不当、装配不合理及其他意外因素造成的不合格品的判定是否恰当会影响供需双方关系。

2. 不合格品的质量责任

合格品与不合格品的判定应由统一的部门来实施，必要时可由供需双方共同判定。不合格品判定的检验设备与环境应该保持一致。同一块线路板，在不同的环境温度下，其电气性能、抗干扰性能等可能会有较大的差别。因此，检验应在双方认可的条件、方式和环境下进行。并且应该保留相应的记录，以满足过程中的可追溯性要求。

同一个配套件，进厂检验时合格，出厂检验时却发现不合格品。这有可能是因为环境或其他意外因素的影响，也有可能是该配套件与其他配套件之间的不协调。

例如两台抽油烟机的电机，来自同一个配套厂家的同一批产品，其中一台装配到机器A上，发现噪声很大。换用另一台，"症状"消失。这时车间调试人员会在该台电机上标记"噪声大"，作为不合格品退回。但配套厂家运回电机后，重新测试，发现电机运转平稳，无异常声。而车间调试人员坚持自己的发现。经过工程人员仔细分析，原来该电机转子的固有频率与机器A比较接近，装机运转会发生谐振从而引起较大噪声。如果把该电机重新装到另一台机器B上，"症状"就会完全消失。

诸如这种问题，在企业中可能经常发生。如果分析不出原因，往往会造成供需双方合作上的不愉快。如果退货前企业经进货检验部门重新检验确认，就可及早发现问题，并通知配套厂家改进工艺，使电机频率远离该抽油烟机的固有频率，或遇到类似问题时由车间调试、维修人员采取措施，就不至于造成企业与供应商之间的误会。

3. 不合格品的处理

对不合格品的处理不外乎报废、返工、返修、退货等几种方式。不论采取哪种方式，费用的分担肯定是双方协调的关键。费用应根据不合格品比例的大小和不合格品的影响程度确定，应在协议或合同的相关条款中作出明确规定。企业可利用统计方法，分析出供需双方都可接受的不合格品比例，从而确定合理的费用分担方式。

比如，某电器公司根据统计资料发现，外购电器配套件的投入使用合格率一般在99.66%以上，只有较少情况会低于这一数值，就在双方签署的协议中规定月度投入使用合格率指标为99.66%，并要求达不到该指标的供应商多负担不合格品的处理费用。

三、派驻检验人员

此种方法类似前一种，只不过是将进料检验人员派到供应商处，降低供应商的品质成本，间接降低企业的成本。

企业应为派驻检验人员建立具有针对性的工作方法，首先应使他们明白自己的义务。企业要弄清楚派驻检验人员应符合哪些要求，应如何培训，他们需要何种支持与协助，应如何评价他们。具体的操作要求如表7-3所示。

表7-3 派驻检验人员具体的操作要求

序号	要求	具体说明
1	确定派驻检验人员的要求	派驻到供应商处的代表，必须对该行业有充分的了解，必须了解各部件如何组合，以及为什么要这样组合；必须对产品的最终用途有充分的了解；应该有良好的教育背景。供应商可能对采购方企业

续表

序号	要求	具体说明
1	确定派驻检验人员的要求	的整个运作体系知之甚少，因而派驻检验人员必须善于表达。派驻检验人员应在企业本部有过质量工程或来料验收的经验，应该了解企业的经营理念。他的任务便是帮助供应商理解企业的需要，并执行合同上的条款
2	派驻检验人员的义务	派驻检验人员必须铭记：他是企业的重要人物，但同时应保持诚实与谦虚。派驻检验人员的首要任务是确信能够与供应商达成对合同及其宗旨的理解，这一点应与本企业的经营管理层包括质量经理一起做到。如果供应商所属工厂的总经理对此持有异议，那么大量的困难将由此而生。如果供应商对产品没有"零缺陷"或相似的质量改进方案，派驻检验人员必须促使他们采用有关方案。这样一来，采购方所得的产品将更加物美价廉
3	派驻检验人员的培训	应发给派驻检验人员经营手册，里面有正确的行为指南，其中的政策和指导应该足够宽泛，给予派驻检验人员发展与供应商关系的个人自由度；但又应该有足够的限制，以消除任何可引发派驻检验人员导致产品不符合要求的诱惑
4	派驻检验人员的报告	派驻检验人员提供的报告应是有用的、直接的、定期的，但并不是频繁的。这些报告的副本应作为其个人记录加以保存
5	派驻检验人员可获得的支持	派驻检验人员必须知道，如有合理的需要，他可以直接求助于他的部门经理，并将得到支持；否则，他会因为各种难题而烦恼不已

> **小提示**
>
> 检验人员不宜长期派驻一个供应商处，否则容易形成派驻检验人员与供应商关系的"突变"；但又不能与不同行业的供应商派驻检验人员进行调换，以防形成"不专业"的印象。

四、供应商品质体系审查

供应商品质体系审查，是企业为了使供应商交货品质有保证，定期对供应商的整个管理体系进行审查。一般新供应商要作一次到几次，以后每半年或一年作一次，但如出现重大品质问题或近期经常被退货，且又不好变更供应商时，也必须去供应商处作一次品质体系审查。

实施方式是：通过组织各方面专家定期对供应商进行审核，全面掌握供应商的综合能力，及时发现薄弱环节并要求其改善，从而从供应商的管理运作体系上保证来料品质。

五、定期评比供应商

定期对供应商进行评比,促进供应商之间形成良性有效的竞争机制。

这种方法是定期对所有供应商进行评分,一般每月将管理体系的评分结果发送给供应商,对供应商品质保证有很多正面效果。

六、与供应商资源共享

在实际生产中企业也不可能全部选择技术先进、制造和检测等能力都非常强的供应商。任何一个企业或供应商都会有某一方面的劣势,企业可为供应商提供详细的各类技术文件,供应商也需要应对一些技术难题,这时企业应尽快给予帮助,如操作方法、工艺技术、检测方法、改进措施等。必要时可通过技术人员、生产设备、检测设备等特殊资源共享,帮助供应商培养技术和生产能力。

七、对供应商的培训与指导

对供应商进行必要的培训和指导,进一步明确企业对产品质量的要求和对供应商生产的支持,对于新选择的供应商或者产品设计变更后的生产显得尤为重要。培训内容包含企业产品的基本特点、供应商所提供零部件的设计和制造等,应强调企业产品和供应商零部件设计、制造所涉及的各类技术文件,重点关注供应商制造过程中的技术支持,主动参与供应商的制造过程中,从源头上抓质量,让供应商不走弯路或少走弯路。

 相关链接

采购员需掌握的质量常识

在采购中,质量通常指产品或工作的优劣程度。对于采购员而言,符合采购合同中约定的要求或规格就是好的质量。要做到这一点,采购员还要设法了解供应商对其所提供商品质量的认识程度。一般情况下,内部管理比较完善的供应商都具备质量文件,如质量合格证、商检合格证等。同时,采购员也应要求供应商提供或出示相应的质量文件,从而在一定程度上保障采购商品的质量。

在供需合作中,供需双方在质量标准上达成共识,可谓是双方合作的基础。对质量确立统一认识,即使在采购中对产品是否达标出现争议,也便于双方依据质量共识来协商解决争议。

一般来说,我们经常用规格来描述质量。在采购中,采购方会将所需产品的规格做成文件，以告知供应方，从而确保采购的产品达到预期规格。在实际工作中，不同产品会具有不同的规格。举例来说，物品的体积、长度、形状、韧性，材料的纯度、密度等规格的概念，均可以在一定程度上描述产品的质量。那么，如何尽可能确保产品的质量呢？这离不开质量检验。根据不同的划分依据，质量检验的方法也会有所不同。其中，按照待检验产品数量的多少，可以分为全数检验和抽样检验。全数检验是对待检验产品进行100%的检验，该检验方法主要适用于对后续工序影响较大、精度要求较高的物料；抽样检验是按照统计学原理设计抽样方案，然后从待检验产品中随机选取一些检验样本，并对这些样本进行逐一检验，从而获得质量特性方面的样本统计值，再与相应的质量标准进行比较，最后对总体产品做出接受或拒收的判断。

按照待检验产品在检验后的状态特征，可将检验分为破坏性检验和非破坏性检验。破坏性检验，是指待检物的完整性遭到破坏，不再具有原来的使用功能的检验。举例来说，汽车的安全气囊检验，为了确保安全气囊在紧急情况下对车上驾乘人员起到保护作用，生产厂家一般需要随机抽取一定待检验样本，然后对车辆进行剧烈碰撞检验，并测试安全气囊的安全系数。这种检验后的安全气囊通常会报废，这就属于典型的破坏性检验。非破坏性检验，是指在不破坏待检验产品的前提下，有效地测试待检物的某些质量特征的检验。举例来说，要知道一个灯泡能否正常使用，可以将灯泡安装到灯口上，然后插上电，如果灯泡正常亮起，就说明灯泡可以正常使用，如果灯泡不亮，则说明灯泡不能正常使用。这种方法并未破坏灯泡，还可以测试出灯泡能否正常使用这一关键的质量特征，这就属于典型的非破坏性检验。

在实际工作中，除了上述质量检验方法，还有很多其他检验方法。比如，按照质量检验的位置，可分为固定检验和流动检验。固定检验是有固定的检验站，将待检验产品统一送到这些检验站进行检验；流动检验则是检验人员直接去产品所在地进行检验。在工作中，采购员可以根据实际需要，选择相应的检验方法。

除了切实有效的质量检验，采购员还要做到对质量问题"有据可依"，这就需要采购员与供应商签订相应的"质量保证协议"，在明确货物质量的情况下，使得后续工作有据可查，一旦出现质量纠纷，采购员就能够做到"有理有据"。在实际工作中，"质量保证协议"的条款要么明确地写在采购合同中，要么作为采购合同的附件由供需双方签订。可以说，"质量保证协议"是采购文件体系的重要组成部分。

此外，采购员在工作中还会接触到"产品瑕疵"与"产品缺陷"等概念。其中，"产品瑕疵"是指产品不具有其应当具备的使用性能，它是区别于"产品缺陷"的法律概念。存在瑕疵的产品违反了法律规定和合同规定，采购方有权拒收；若瑕疵产品对采购方造成了损失，采购方甚至可以要求供应方承担相应的赔偿责任。举例来说，高楼大厦内通常会有应急照明灯（带有类似"安全出口"的字样），若楼内一旦断电，应急照明灯就会自动亮起，从而对楼内人员起到有效的疏散作用。假如楼宇建筑装修承包商采购的应急照明灯在断电情况下没有亮，就意味着该产品瑕疵使得应急照明灯应有的功能不能正常使用，供应方一般要为此承担相应责任。

"产品缺陷"主要是存在于产品的设计、原材料和零部件、制造装配或说明指示等方面，并且未能满足用户所必需的合理安全要求的情形。一般来说，"产品缺陷"并不影响产品功能的正常使用，却可能直接或间接地存在危及用户人身、财产安全的因素。举例来说，有些门窗可能设计成向屋内拉开比较合适，结果却设计成向屋外推开，假如用户在向室外推开门窗的时候，手里拿着的手机等物品一不小心摔落楼下，就会给用户造成不必要的损失。也就是说，这样的门窗设计固然不影响其正常关闭与打开的功能，却存在一定的设计缺陷。

最后，采购员在工作中会遇到各种各样的质量方面的问题与概念，对此，采购员要勤总结，多积累知识，从而提高自己在采购质量管理方面的能力。

第八章

交货期控制

第一节 规划交货管理

在"快"成为时代主流的背景下,"交货期尽可能短"已成为企业从竞争中胜出的必要条件,对交货期的精细化管理也成为必然趋势。

一、什么是交货管理

交货管理,是指采购员在发出采购订单或签订采购合约之后,为确保所购材料的交货期所采取的一切措施。

确保交货期的目的是于必要时能切实地获得必需的原材料,以维持正常的生产活动,不致停工待料。

> **小提示**
>
> "必要时"是指在最低成本的要求下,预先计划的原材料的取得时期。超过这一时期固然不妥,但超前取得也不适宜。因而,对于可能延迟交货的物品,应予以注意并加以预防,在交货期之前,就要有计划地加以控制。

二、确保交货期的意义

具体来说,确保交货期的意义体现在以下两个方面。

1. 交货延迟会增加成本

交货期延迟,毫无疑问会阻碍生产活动的顺利进行,给生产现场及有关部门带来有形、无形的不良影响,具体表现如图8-1所示。

1	由于物料进库的延误,发生空等物料或耽误生产的情况而导致效率下降
2	为恢复原状(正常生产),有需加班或假期出勤的情况,导致人工费用增加
3	产品的交货期延迟,给顾客带来没有信用的印象,导致订单减少

4	成为修改或误制的原因
5	延迟交货的频率高，需增员来督促
6	使作业员的工作意愿减退

图8-1 交货延迟的不良影响

2.交货提早也会增加成本

一般人总以为提早交货的不良影响低于延迟交货，实际上，两者都会成为增加成本的原因。以下两点为其主要理由：

（1）容许提早交货会导致其他物料交货期的延迟（供应商为了资金调度方便，会优先生产高价格的物料以提早交货，所以假如容许其提早交货，就会造成低价格物料的延迟交货）。

（2）不急于使用的物料提早交货，必定增加存货而导致资金周转效率下降。

因而，交货期是否计划好，对经营效果必有很大影响。

三、怎样确保适当的交货期

采购员开立订单或签订合约后，供应商便有按时完成订单或合约所定交货任务的责任。但事实上，采购员往往不能完全信赖供应商能准时依约完成，因而有必要密切监控供应商的执行情况。

1.一般的监控

采购员开立订单或签订合约时，便应确定监控的方法。如果采购的是非重要物料，仅作一般的监控便已足够，通常只需注意是否确实能按规定时间收到检验报表。有时可通过电话联系查询实际进度。但若采购物料较为重要，可能影响工厂的生产，则应另考虑较周密的监控步骤。

2.预定进度时程

若有必要，可在采购订单或合约中明确规定供应商需编制预定进度时程表。此项规定，可在报价邀请函或"招标须知"中注明，并应订明于订单或合约中。

所谓预定进度时程表，应包括筹划全部供应作业的时程，例如企划作业、设计作业、采购作业、工厂能力扩充、工具准备、组件制度、次装配作业、总装配作业、完工试验及装箱交运等全部过程。

另外,应明确规定供应商必须编制实际进度表,将预估进度与其并列对照,并说明延误原因及改进措施。

3. 工厂实地查证

对于重要材料的采购,除要求供应商按期送交进度表外,还应实地前往供应商工厂访问查证。此项查证,应订明于合约或订单内,必要时应派专人驻厂监控。

4. 买卖双方信息的沟通

买卖双方可建立沟通系统,买方的需求一有变动,可立即通知卖方;卖方的供应一有问题,也要随时通知买方。

第二节 适当交期控制

交期控制可从交期事前计划、交期事中管理、交期事后考核这几个方面进行。

一、交期的事前计划

要做好交货管理,企业应有"预防重于治疗"的观念,事前慎选有交货意愿及责任感的供应商,并安排合理的购运时间,使供应商能从容履约。

1. 确定合适的交期

对交期的控制和管理可从图8-2所示的交期的构成公式中寻求方法。交期条款对产品总成本将产生直接或间接的影响。

图8-2 交期的构成

(1)行政作业交期。行政作业是采购方与供应商之间为共同完成采购行为所必须进行的文书签订及准备工作。行政作业交期具体如图8-3所示。

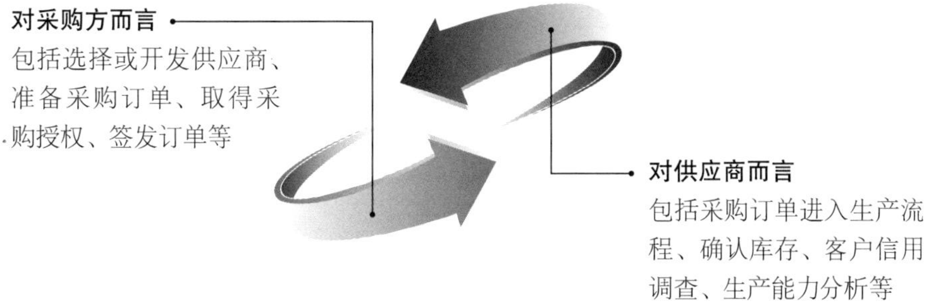

对采购方而言
包括选择或开发供应商、准备采购订单、取得采购授权、签发订单等

对供应商而言
包括采购订单进入生产流程、确认库存、客户信用调查、生产能力分析等

图8-3　行政作业交期

（2）原料采购交期。供应商为了完成客户订单，也需要向自己的下一级供应商采购必要的原材料，如塑料、金属原料、纸箱等，需要花费一定的时间。

① 在订单生产型模式中，产品的生产是等收到客户订单之后才开始的。依订单生产的形态，原料的采购时间在总交期中占有相当大的比例。

② 在组合生产型模式中，产品的组合生产也是等收到客户订单后才开始的，不同的是一些标准零配件或组装已事先准备妥当，主要零配件、材料和次组装已在接到订单之前完成，并放入半成品区。一旦接到订单，即可按客户的要求利用标准零配件或次组装快速生产出所需产品。

③ 在存货生产型模式中，在收到客户订单前产品已经被制造完成并存入仓库。这种形态的生产对原料采购交期的考虑一般很少，通常客户下了订单后就可安排运送并确定到货时间。

（3）生产制造交期。生产制造交期是指在供应商内部的生产线制造出订单上所订产品的生产时间，基本上包括生产线排队时间、准备时间、加工时间、不同工序等候时间以及物料的搬运时间。其中非连续性生产中，生产线排队时间占总时间的一大半。

① 在订单生产型模式中，非加工环节所用时间较多，所需的交期较长。

② 在存货生产型模式中，因生产的产品是为未来订单做准备的，采购交期相对缩短。

③ 在组合生产型模式中，供应商对少量多样的需求有快速反应的能力，交期较存货生产型模式长，较订单生产型模式短。

（4）运送交期。当订单完成后，将产品从供应商的生产地送到客户指定交货点所花费的时间为运送交期。运送交期的长短与供应商和客户之间的距离、交货频率以及运输方式有直接关系。

（5）验收与检验交期。验收与检验交期主要包括图8-4所示的内容。

（6）其他零星交期。此外，还包括一些不可预见的由外部或内部因素造成的延误，以及供应商预留的缓冲时间。

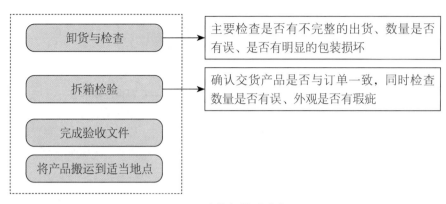

图8-4 验收与检验交期

2.审核供应商供应计划进度

采购方应审核供应商的供应计划进度，并分别从各项资料中获得供应商的实际进度。

比如，供应商的流程管理资料、生产汇报中所得资料、直接访问供应商工厂所见，或供应商按规定送交的定期进度报表。

3.寻找替代品来源

供应商不能如期交货的原因颇多，且有些属于不可抗力。因此，采购方应未雨绸缪，多联系其他来源；工程人员也应多寻求替代品，以备不时之需。

4.加大违约罚款或解约责任

在签订采购合约时，应加重违约罚款或解约责任，使得供应商不敢心存侥幸。不过，如果采购方需求急迫，应对如期交货的供应商给予奖励或较优厚的付款条件。

二、交期的事中管理

下面依照执行过程，说明交期事中管理的方法。

1.订购信息的处理

订购信息应包括订单内容、替代品、供应商等级及生产能力等相关资料。基本上，资料可以依照交易对象、能力、产品等加以区分，其目的都是得到正确的信息。因此，订购信息处理得恰当与否，将影响整个交期。

2.主动查核

（1）查核的时机。采购方在订购产品后，应主动监督供应商备料及生产，不可等到已逾交期才开始查核。

有时候，产品难以在交货日期一次性制造完成，而未能准时交货的情况通常都发生在交货前的生产过程中，由计划进度与实际进度发生偏差所致。所以下订单后，采购方要积极地进行查核。查核的目的是在尚有富余时间可以采取对策时切实掌握生产状况，以便采取必要行动。

（2）查核的主要内容。查核的主要内容如图8-5所示。

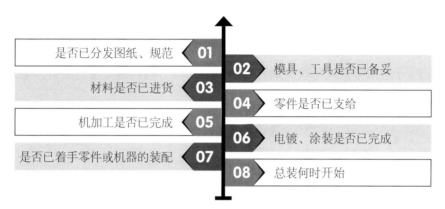

图8-5 查核的主要内容

3.销售、生产及采购单位加强联系

由于市场状况变化莫测，因此生产计划若有调整的必要，必须征询企业采购部门的意见，以便对停止或减少送货的数量、追加或新订送货的数量作出正确的判断，并尽快通知供应商以减少可能的损失，提高其配合的意愿。

4.收货要严格控制

在收货的管理方面，应做好图8-6所示的两项工作。

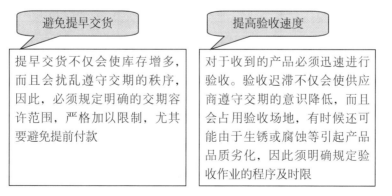

图8-6 收货管理应做好的两项工作

> **小提示**
>
> 一旦某供应商发生交货延迟,若非短期内可以改善或解决,企业应立即寻求其他供应商作为货品来源,避免更大的损失。

三、交期的事后考核

1. 设定绩效指标

企业可以设定指标据以考核交期管理的绩效。以下是几种常见的绩效指标:

$$交货延迟率 = \frac{每月延迟总批数}{每月交货总批数}$$

$$延迟件数率 = \frac{每月交期延迟件数}{每月订单件数}$$

$$延迟日数率 = \frac{自订购日起至实际交货日止的日数}{自订购日起至合约交期止的日数}$$

2. 日常交期资料的记录与统计

平常对供应商的交货状况要做好记录,可以通过一些制式的表格来实现,如表8-1所示。

表8-1 交货达成管制表

订购日期	供应商	品名	规格	数量	应交日期	生产工序				实交日期	备注
						1	2	3	4		

制表: 审核:

3.定期对供应商交期进行考核

按企业规定的交期对供应商进行考核。考核的指标、方法及处理措施可在合约中写明，考核的结果也要通知供应商，让其核实。

4.实行供应商奖惩办法

对于交期管理不好的供应商，采购企业要发出改善通知，由供应商积极寻求改善办法。若经过一段时间的努力，供应商的交期表现仍无显著改善，企业需考虑是否继续维持合作关系，必要时可做出放弃的选择。对于交期管理良好的供应商，企业可与其签订长期合约，并采取一系列奖励措施。

第三节 交期延误处理

如果供应商交期延误的事情经常发生，采购方要积极分析供应商交期延误的原因，并探讨解决延误的办法。

一、分析供应商交期延误的原因

供应商不能如期交货的原因，可从以下三个方面进行分析。

1.供应商的原因

供应商引起交期延误的原因有许多，具体说明如表8-2所示。

表8-2 供应商的原因

序号	原因	具体说明
1	超过生产能力或制造能力不足	超过生产能力或制造能力不足是指供应商出于预防心理，所接受的订单常会超过其生产设备的能力，以便部分订单取消时，尚能维持"全能生产"的目标。有时，供应商对采购方的需求状况及验收标准未详加分析就接收订单，最后才发觉自身力不从心，根本无法制造出符合要求的产品
2	转包不成功	转包不成功是指供应商由于受设备、技术、人力、成本等因素限制，除承担产品的一部分制造工作外，有时另将部分制造工作转包给他人。由于承包商未能尽责，导致产品无法组装完成，就会延误交货的时间
3	制造过程设计不良或管理欠佳	制造过程设计不良或管理欠佳是指有些供应商因为制造过程设计不良，以致产出率偏低，必须花费许多时间对不合格制品加以改造；另外，也可能因为对产品质量管理欠佳，以致最终产品的合格率偏低，无法满足交货的数量

续表

序号	原因	具体说明
4	材料欠缺	材料欠缺通常由供应商物料管理不当或其他因素造成，以致耽搁了制造时间，延误了交货期
5	报价错误	报价错误是指供应商因报价错误或承包的价格太低，尚未生产即已预知面临亏损或利润极其微薄的情况，因此交货的意愿不强，或将其生产能力转移至其他获利较高的订单上，也会延迟交货时间
6	缺乏责任感	缺乏责任感是指有些供应商争取订单时态度相当积极，可是得到订单后似乎有恃无恐，往往在制造过程中显得漫不经心，对如期交货缺乏责任感，视延迟交货为家常便饭

2.采购方的原因

采购方引起交期延误的原因有许多，具体说明如表8-3所示。

表8-3 采购方的原因

序号	原因	具体说明
1	紧急订购	紧急订购是指由于人为的因素（如库存数量计算错误或库存材料毁于一旦）必须紧急订购，但是供应商没有多余的生产能力来满足临时追加的订单，导致停工断料一段时间
2	低价订购	低价订购是指由于订购价格偏低，供应商缺乏交货意愿，甚至借延迟交货来要挟采购方追加价格，以致取消订单
3	购运时间不足	购运时间不足是指由于请购单位提出请购需求的时间太晚，比如请购单位在需求日期前三天才发出请购单，让采购单位措手不及。或由于采购单位在询价、议价、订购的过程中花费太多时间，当供应商接到订单时，距离交货的日期已不足以让其有足够的购料、制造及装运的时间
4	规格临时变更	规格临时变更是指制造中的物品或施工中的工程，如突然接到采购方变更规格的通知，物品就可能需要拆解重做，工程也可能半途而废。若因规格变更需另行订制或更换新的材料，也会使得交期延误情况更加严重
5	生产计划不正确	生产计划不正确是指由于采购方对产品销售预测不正确，导致列入生产计划的产品已缺乏市场需求，未列入生产计划的产品市场需求反而相当急迫，因此需要紧急变更生产计划。此举会让供应商一时之间无法充分配合，产生交货延迟
6	未能及时供应材料或模具	未能及时供应材料或模具是指有些物品是委托其他供应商加工的，因此，采购方必须供应足够的装配材料或模具；采购方若采购不及时，就会导致承包商无法工作
7	技术指导不周	技术指导不周是指采购的物品或委托的工程有时需要由采购方提供制作技术，采购指导不周，会影响交货或完工的时间

续表

序号	原因	具体说明
8	催货不积极	催货不积极是指在市场供不应求时，采购方以为已经下了订单，到交期物料自然会送到。未料供应商捉襟见肘，因此挖东墙补西墙，谁催得紧、逼得凶，或是谁价格出得高，材料就往谁那里送。催货不积极的买主，到交货期就可能收不到采购物品

3. 其他因素

除了供应商与采购方的原因外，还有许多其他因素，具体说明如表8-4所示。

表8-4　其他因素

序号	原因	具体说明
1	供需双方缺乏协调配合	任何需求计划，不应只要求个别计划的正确性，更须重视各计划之间的配合性。各计划如未能有效配合，可能会造成整体计划的延误。因此，防止交期延误，必须先看计划本身是否健全，然后看供需双方计划或业务执行的配合是否紧密
2	采购方式欠妥	以招标方式采购虽较为公平公正，但对供应商的承接能力及信用水平等均难以事先有充分了解。中标之后，中标者也许无法进料生产，也许无法自行生产而予以转包；更为恶劣者，则以利润厚者或新近争取的客户优先，故意延误。因此，要避免供应商造成交期延误，应重视供应来源的评选，对凡有不良记录的应提高警觉，特别要在合约中详细规定交货办法、对逾期交货的管制，如要求供应商提供生产计划进度、履约督导或监督办法。签约后，供应商必须依照承诺生产交货，否则除合约被取消外，还要承担因延误交货产生的损失
3	偶发因素	偶发因素多属不可抗力，主要包括战争、罢工、自然灾害、经济因素、政治或法律因素等

4. 引起双方协调不畅的主要原因

追究交期延误的原因时，发现大多是因为供应商与采购方之间的协调有差距或隔阂。其主要原因有许多，具体如表8-5所示。

表8-5　引起双方协调不畅的主要原因

序号	原因	具体说明
1	未能掌握产能的变动	未能掌握产能的变动是指供应商接受了超过产能的订单，却由于订单量骤增，或作业员工生病，或有人退休而导致人手不足不能完成任务。但供应商却不坦白告知采购方这一原因

续表

序号	原因	具体说明
2	未充分掌握新订产品的规范、规格	未充分掌握新订产品的规范、规格是指供应商尽管想知道更加具体的内容，却担心会被采购方认为啰唆而不给订单，以致在未充分掌握新订产品规范、规格的情况下进行生产
3	未充分掌握机器设备的问题点	未充分掌握机器设备的问题点是指设备因为定期点检而需停止操作，或由于出现故障而需要修护之类的事情，确实不是采购方所能了解的
4	未充分掌握经营状况	由于供应商资金短缺而导致无法批量购进材料就属此种情况
5	指示联络不确切	指示联络不确切是指关于图纸的修订、订货数量的增加、交期的提前等信息未能详细传达给能够处理这些问题的人。除了口头说明之外，事后的书面资料补送也极为重要
6	日程变更说明不足	日程变更说明不足是指无论交货日程的提前或延后，假如不将真实意图传达给对方，使其充分了解，从而获得协助，也会造成差错
7	图纸、规范的接洽不充分	图纸、规范的接洽不充分是指有的供应商或采购员视对方的询问、接洽为麻烦，不认真对待，所以会出问题
8	单方面交期指定	单方面交期指定是指未了解供应商的现状，仅出于采购方的方便指定交期的情形

二、解决交期延误的对策

一般来说，解决交期延误的对策如表8-6所示。

表8-6　解决交期延误的对策

序号	解决对策	具体说明
1	向适当的交易对象下订单	在充分了解采购产品或外包加工产品内容的前提下，对于适当、适量的产品向适当的交易对象下订单
2	设定调度基准日程	关于调度所需要的期间，要与生产管理部门达成共识，要得到生产管理、设计、制造、技术等部门的帮助，以便对外包加工产品设定调度基准日程，据此确定适当的交期
3	建立交期的权威，以提高交期的诚信度	首先，基于采购方与供应商双方的信赖设定交期；其次，尽量减少交期变更或紧急、特急、临时订货之类的事情，以建立交期的权威，提高诚信度，从而加强对交期的遵守
4	依订货批量适当生产或订购	订货批量应选择采购方及供应商双方都能接受的最经济的数量
5	确立支给品的支给日程并严格遵守	应该避免"支给慢了，但是交期要遵守"之类不合理的要求

续表

序号	解决对策	具体说明
6	管理供应商的产能、负荷、进度的余力	掌握供应商的产能、生产负荷或保有员工数,从而对其余力进行管理
7	手续、指示、联络、说明、指导的便捷化	比如,交货地点变更、图纸改版的指示、不易懂的图纸的说明、对品质管理的重点应放在哪里的指导等均属此类
8	发生交期变更或紧急订货时,正确掌握其影响度	采购的某一产品虽已确保,但要妥善处理,以避免因其他产品欠缺而延迟,引起恶性循环
9	加以适当追查	当还有宽裕时间处置时,应确认其进展
10	分析现状并予以重点管理	先用表8-7所示的ABC分析法列出有关信息,进而绘制图8-7所示的帕累托图,这样对目标影响最大的是哪个可一目了然,因而容易掌握重点管理对象

表8-7 ABC分析法

品种	件数比例/%	金额比例/%
A	6	80
B	24	15
C	70	5
合计	100	100

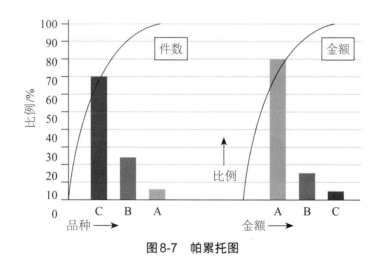

图8-7 帕累托图

由图8-7可知:

① A品的件数占比虽然小,但金额占比很大。

② C品的件数占比虽然大,但金额占比小。

所以对A品有必要好好管理。由此可见,分析现状的目的是改进管理方法,或改善管理措施。

三、建立加强交期意识的制度

1. 异常发生报告制度

异常发生报告制度是指对供应商提出异常发生报告的要求，应建立加强交期意识的制度，如图8-8所示。

比如，当机器、设备、模具、治工具（夹具）发生故障或不良，交期延迟原因出现时，及时提出报告。

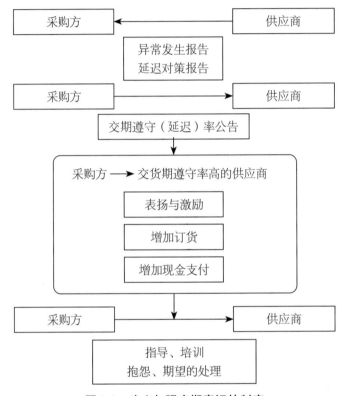

图8-8 建立加强交期意识的制度

通过异常发生报告，采购方能预知交期的延迟，也可未雨绸缪早作安排。该项制度远比交期延迟发生后才研讨对策更加有效。

2. 延迟对策报告制度

延迟对策报告制度是指除了对供应商提出异常发生报告制度的要求，使供应商明确延迟原因外，对其改善延迟的对策也应提出报告。

3. 交期遵守（延迟）率公告制度

企业要制定每月编制供应商交期遵守（延迟）率公告的制度。交期遵守（延迟）率可以按照下列算式计算。另外，也应了解每一品种的交期延迟日数，以便掌握总延迟日数。

$$交期遵守率 = \frac{交期遵守件数}{交期延迟件数 + 交期遵守件数} = \frac{交期遵守件数}{交期到货件数}$$

$$交期延迟率 = \frac{交期延迟件数}{交期到货件数}$$

4.表扬与激励制度

表扬与激励制度是指对交期遵守情形良好的供应商，分别在每年、上（下）半年、每个季度等给予表扬和激励，如表8-8所示。

表8-8 各公司的表扬和激励制度

公司名	表扬次数			表扬者（奖状具名人）		纪念品	奖金（一等）	表扬对象公司	表扬目的
	每年一次	每半年一次	每季一次	总经理	采购经理				
A									
B									
C									
D									

5.与订货量联结的制度

与订货量联结的制度是指视交期遵守的程度而采取以下措施：

A级→增加订货量。

B级→订货量不变。

C级→减少订货量。

D级→停止订货。

但是，该供应商的品质与价格比其他供应商优异时，应另作考虑；还有，必须预先向供应商说明，以避免由于减少或停止订货引起纠纷。

6.与支付条件联结的制度

与支付条件联结的制度是指视交期遵守的程度，采取下列付款方式：

A级→全额付现。

B级→现金2/3，支票1/3。

C级→现金1/2，支票1/2。

D级→现金1/3，支票2/3。

另外，因资金调度困难而采取上述对策时，应注意是否会因此丧失双方长年建立的信赖关系。

7.指导、培训的制度

指导、培训的制度包括开展经营者研讨会、供应商有关人员的集中培训、个别巡回指导等。

8.抱怨、期望处理的制度

抱怨、期望处理的制度是指要诚恳听取供应商的抱怨、期望，并迅速处理、回复。比如，某企业在物控部门内设置"供应商会谈室"之类的场所，用于对供应商的指导、培训以及对抱怨和期望的处理。

 相关链接

采购员如何控制交货期风险

采购工作中，交货期一直是一个让人比较头疼的问题。尤其是进口产品，更是因交货期的不确定性，给很多采购员带来了不少的困扰。那么作为专业采购员，可以从哪些方面对交货期进行控制，让交货期风险降至最低呢？

1.确保安全库存

很多企业追求零库存，但现实中很多生产型企业是难以真正做到零库存的。而采购和库存管理人员确保常用生产物料的安全库存是有必要的。要确保物料供应持续稳定，可以参考历史使用量进行分析，然后有针对性地设置某物料的安全库存量。一旦低于该库存量，仓库就应该马上提出增补申请，让库存物料能在耗尽前得到及时的补充。如果没有安全库存，仅靠仓库管理人员自我检查，发现某物料已库存不足再申请补货，往往会影响到货时间，影响生产车间正常使用，甚至有时会对生产计划造成较大的影响。

2.减少物流的影响

现在物流运输业日益发达，给很多生产企业带来了更多的便利。货物在运输途中的时间变得越来越短，但这种便利也在特殊的时间段给采购带来了不便，比如春节前后是对客户交货期造成影响的最突出的时间段。很多快递从业者、货运司机都提前回老家过年,春节后有不少人还得过了元宵节才回来正常上班,这前前后后一个月的时间,给采购员带来了无穷的麻烦。尽管企业也会有不少职工提前请假回家过年,但还是有不少企业面向国外客户,需要在过年期间赶交货期并保证按时发货。所以采购员需要在特殊的时间段提前做好准备,该备货的备货,该催货的催货,避免节假日因素给交货带来影响。

3. 与供应商保持频繁的沟通

与供应商询价、报价以及签订合同时,都需要明确准确的交货期。订货合同一旦签订完毕,需要供应商严格按双方确认的交货期执行。如果有订单金额巨大或者是非标定制、货期又很长的货物,则建议让供应商排出生产计划(时间节点)并严格按计划执行,确保能在要求的交货期内如期交货。如果其间碰到较大的问题,则有必要让项目组、供应商一起开会协商,尽快提出相应的解决方案,使该问题对交货期的影响降至最低。

需要注意的是,夏季高温时期,有些行业为避免员工高温作业中暑可能会临时停产,部分地区由于限电等原因会影响供应商的产能。这些都会造成交货期的延误。

另外,夏季出行游玩的人越来越多。很多销售人员也会选择在夏季陪家人、朋友一起去外面度假,出行一周是很普遍的。这个时候很多订单的交货容易被忽略,销售和商务的沟通也容易脱节,从而导致需要的货物延期。

因此,采购员需要与供应商频繁沟通,密切关注,做到提前沟通、预先准备,将延期交货的隐患尽早排除。

4. 关注国外实事动态

近年来,欧洲很多国家经常出现各行业劳动者罢工、机场职工罢工等现象,对很多空运物资的交货期造成了很大影响,对一些对交货期要求很高的企业造成了很大的损失。所以采购员也需要在这方面给予关注。如果近期物料原产国已经出现各类可能对交货期构成隐患的情况,则采购员有必要向技术部门建议使用其他替代物料,最好是能在国内买到的物料。如果实在不能替换,就需要考虑是否在国内找现货。毕竟因物料原因而导致项目延期交货或者无法发货,对企业和供应商来讲都会造成不可估量的影响。

第九章

采购价格控制

第一节　确定采购价格

采购价格的高低直接关系到企业最终产品或服务价格的高低，因此，在确保满足其他条件的情况下，力争最低的采购价格是企业控制成本的有效措施之一。

一、影响采购价格的因素

影响采购价格的因素有许多，具体如表9-1所示。

表9-1　影响采购价格的因素

序号	因素	具体说明
1	供应商成本的高低	供应商成本的高低是影响采购价格的最根本、最直接的因素。供应商进行生产，其目的是获得一定利润，否则生产无法继续。因此，采购价格一般应在供应商成本之上，两者之差即为供应商的利润，供应商的成本是采购价格的底线
2	规格与品质	价格的高低与采购物料的规格与品质也有很大的关系。如果采购物料的品质一般或质量低下，供应商会主动降低价格，以求赶快脱手，有时甚至会贿赂采购人员
3	采购物料的供需关系	当企业需采购的物料紧俏时，供应商处于主动地位，会趁机抬高价格；当企业所采购的物料供过于求时，采购企业处于主动地位，可以获得最优的价格
4	生产季节与采购时机	企业处于生产旺季时，对原材料需求紧迫，因此不得不承受更高的价格。避免这种情况的最好办法是提前做好生产计划工作，并根据生产计划制订出相应的采购计划，为生产旺季的到来提前做好准备
5	采购数量多少	采购数量多少影响采购价格是指如果采购数量大，企业就会享受供应商的数量折扣，从而降低采购的价格。因此，大批量、集中采购是降低采购价格的有效途径
6	交货条件	交货条件也是影响采购价格的非常重要的因素，交货条件主要包括运输方式、交货期的缓急等。如果货物由采购方承运，供应商就会降低价格，反之就会提高价格
7	付款条件	付款条件一般都规定有现金折扣、期限折扣，以刺激采购方能提前用现金付款

二、采购价格调查

1. 调查的主要范围

大型企业原材料种类繁多,但限于人手,要做采购价格调查,并不容易。因此,企业要了解帕累托法则里所说的"重要少数",就是通常数量上仅占20%的原材料,其价值却占总价值的70%~80%。假如能掌握住占总价值80%左右的"重要少数",就可以控制采购成本,这就是重点管理法。根据一些企业的实际操作经验,可以把图9-1所示的六大项目列为主要的采购调查范围。

1. 选定主要原材料20~30种,其价值占总价值70%~80%
2. 常用材料、器材属于大量采购项目的
3. 性能比较特殊的材料、器材(包括主要零配件),一旦供应脱节,可能导致生产中断的
4. 因突发事件须紧急采购的
5. 价格波动性大的物资、器材
6. 计划外资本支出、设备器材的采购,数量巨大、经济效益影响深远的

图9-1 主要的采购调查范围

> **小提示**
>
> 在一家企业中,为了便于了解占总采购价值80%的"重要少数"的原材料价格的变动行情,采购人员应当随时记录,真正做到了如指掌。

2. 信息收集方式

信息的收集可分为图9-2所示的三种方式。

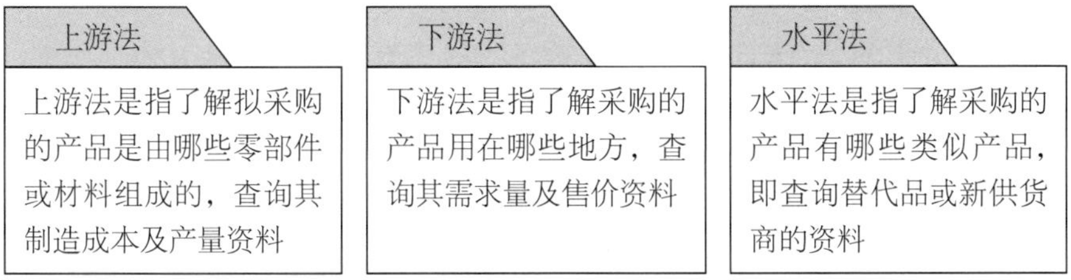

上游法	下游法	水平法
上游法是指了解拟采购的产品是由哪些零部件或材料组成的，查询其制造成本及产量资料	下游法是指了解采购的产品用在哪些地方，查询其需求量及售价资料	水平法是指了解采购的产品有哪些类似产品，即查询替代品或新供货商的资料

图9-2　采购价格信息收集方式

3.信息的收集渠道

至于信息的收集，常用的渠道如下。

（1）杂志、报纸等媒体。

（2）信息网络或产业调查服务业。

（3）供应商、顾客及同行。

（4）参观展览会或参加研讨会。

（5）加入协会或公会。

> **小提示**
>
> 　　由于商情范围广，来源复杂，加之市场环境变化迅速，因此，企业采购人员必须筛选正确有用的信息以供公司高层决策。

4.调查资料处理

对采购市场调查所得资料加以整理、分析与讨论，在此基础上提出报告及建议，即根据调查结果，编制材料调查报告并进行商业环境分析，向企业提出有关改进建议（比如提供采购方针的参考，以求降低成本、增加利润），并根据科学的调查结果，研究更好的采购方法。

三、计算采购价格

对构成采购价格的各种因素进行科学的分析，必要时采取改进措施。这种方法是以合理的材料成本、人工成本及作业成本为基础，计算出采购价格。

其计算公式如下：

采购价格=物料成本+人工成本+设备折旧+行政费用+利润

在按上述公式计算采购价格时，如果卖方无法接受，企业应根据各项目的资料，逐一检查双方的报价明细和差距，互相修正错误，以达成协议。

> **小提示**
>
> 有经验的采购人员，可凭自己的判断和过去积累的数据资料来算出合理的价格。

四、分析处理供应商的报价

就采购人员而言，底价与成本分析表只是提供了将来议价的参考依据，也就是获得一个合理价格的依据，它解决"量"的问题。至于"质"的问题，也就是各供应商报价单的内容，采购人员必须先对其加以分析、审查、比较，才能达到公平竞争的条件，即所谓"拿香蕉和香蕉比"。

1. 价格分析的效益

（1）事先审查报价内容有无错误，避免造成将来交货的纷争。确保卖方所附带的任何条件均为买方可以接受的。

（2）将不同的报价基础加以统一，以利于将来的议价及比价工作，而不会发生"拿香蕉和梨子比"的谬误。

（3）培养采购人员的成本分析能力，避免按照"总价"来谈判价格。

2. 审查、比较报价的方式

（1）把各项直接材料耗用数量、直接人工时数标准化。

（2）计算所有报价厂商各项材料的单价、工资率。

（3）求出各厂商的制造成本（变动费用部分）。

（4）计算各厂商的固定费用，包括管理费、税金、利润。

（5）找出报价总额最低的厂商。

五、采购价格磋商

1. 尽可能与对方负责人进行价格磋商

价格磋商尽管有级别的要求，但为了有效地完成价格磋商，缩短价格谈判的过程，除非供应商有级别对等的要求，否则应尽可能与对方负责人直接进行价格磋商。

2.提升谈判技巧

在减价磋商中,难免会遇到一些诡辩与抱怨的供应商,他们在磋商时,常提出似是而非的言论,例如产品的利润空间已经很小了,工人要求加薪、减少工作时间以及物价上涨等,目的是强调价格不能再降低了。因此,企业要根据实际计算的成本一一反驳,使对方无计可施,从而达到降价的目的。在磋商前要尽可能掌握图9-3所示资料。

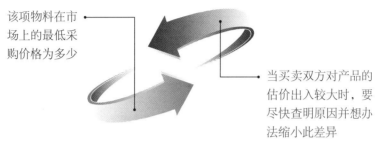

图9-3 在磋商前应掌握的资料

3.了解产品的成本构成及影响因素

采购人员在进行采购产品减价磋商前,要知道采购物料的销售价格是如何决定的,其成本结构如何。只有了解其成本结构的详细内容,才有可能达到减价的目的。

采购人员必须了解产品成本的构成因素:

(1)由市场供求关系决定。

(2)价格会因计算方法不同而存在差异。

(3)交货日期、付款办法及采购量会影响价格。

(4)季节性的变动会影响价格。

(5)受供应商的成本因素影响。

(6)受国家政策的影响。

(7)受物价波动的影响。

4.了解供应商的情况

就买卖双方的合作关系,了解供应商的情况还要考虑图9-4所示的因素。

5.合适的人与合适的对象

进行价格磋商的人员,要有生产技术、成本、法律等方面的知识,才能胜任减价的磋商工作。因此,有时需要有专门知识的人员随同前往交涉,例如专业工程师、会计师等。

图9-4　了解供应商的情况

确定前往进行价格磋商的合适人选后，还需要找对磋商的对象。一般来说，供应商的销售人员不一定了解决定价格的因素，不一定具备技术及管理方面的知识，但进行价格磋商的人员要尊重对方，和他们交朋友，从交谈中获取对方有价格决定权的人员等重要信息。然后有针对性地与这个人去打交道，如此才能圆满完成任务。

6.有利的时间与地点

进行价格磋商的地点可以是买卖双方的会议室、会客室或两方以外的地点，如饭店、咖啡店等。在选择地点时，应注意交涉降价物料的种类、对方企业的力量、信誉度、待人接物的规范性等。

通常在小房间或安静的地方进行价格交涉的效果比大房间要好，因为在大房间商谈容易受外部干扰，感觉两方关系比较疏远，气氛较差，不易缩短交涉双方心理距离。为了建立起彼此间长期的感情，也可采用一同进行休闲活动的方式，如打高尔夫球、打乒乓球或健身等。

至于时间的选择要因人而异。由于人的情绪容易被环境、时间的改变而影响，所以聪明的交涉者要能察言观色，事先加以留意而后见机行事。

第二节　降低采购价格

采购价格是企业成本和费用的主要组成部分，是采购成本高低的决定性因素。因此，企业及采购人员可从降低采购价格着手来控制成本。

一、互买优惠采购

在互买优惠采购中,买卖双方既是供应商又是购买方,具有双重身份。因此在购买对方产品的同时,也希望自己的产品能被对方所采购,从而达成互惠互利的结果,促成互买优惠采购的关系。

为了灵活运用互买采购的策略,企业必须在相互购买的基础上进行认真、仔细的成本分析,以企业整体成本的降低为目的。

1.互买采购的优缺点

一般来说,互买采购的优缺点如图9-5所示。

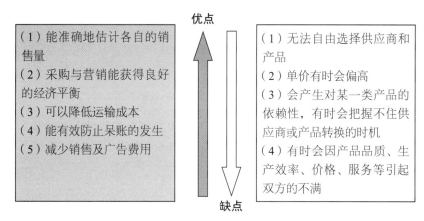

图9-5 互买采购的优缺点

2.互买采购的正确运用

互买采购方法的正确运用,在于利弊权衡和灵活操作,同时应根据实际情况采取相应的对策和改进的方法。

(1)供应商和产品选择。在互买采购中,选择能够满足适当的品质、要求的交货期、便宜的价格的供应商即可。以为是相互购买就不加区别地订购是不明智的做法。互买采购和其他物料采购一样,应该寻找有适当的品质、良好的服务及便宜价格的供应商。所以一定要经常依据采购的基本原则货比多家后再做决定。

(2)把握控制总成本目标。互买采购常常会遇到以下不利因素:

① 互买采购比原来单向采购的价格高出很多;

② 互买采购因某种原因价格提高。

出现这种情况时,如果确实有互买采购的必要,则努力去交涉,要以总体成本得到减少为目标。否则,应该考虑放弃互买采购。

（3）把握供应商或产品转换的有利时机。由于感情方面的因素，企业会对某一类产品或某个供应商产生依赖性，即便已经因产品品质、价格、服务等引起双方的不满。因此，企业要善于把握供应商或产品转换的有利时机，如有新的供应商或产品出现，价格要优惠得多，此时应放弃老供应商或老产品，转向和新的供应商合作，或者借此契机，调整老供应商的供货价格或者改变原先的服务范围。

> **小提示**
>
> 为避免这种情况的发生，在和供应商初期合作时，有必要就订购数量、合作的有效期、互买采购违约的处罚和对策等作明确的约定。

企业在选择供应商前，进行相应的经济计算还是很有必要的。通过经济计算，确认结果有利之后才能开始互买采购。此后，不断地加以检查，一旦实际情况偏离预估方向，及时地采取应对措施。

下面以某加工企业生产零件为例，介绍产品单价变化后经济计算的方法：

已知：

月销售额=200000元

月采购量=15000个

步骤一：计算购入损失

（1）单价差异

  原购价　15元/个

  新购价　15.2元/个

  差额　　0.2元/个

（2）月新增损失

15元/个×15000个=225000元

15.2元/个×15000个=228000元

每月损失：3000元　…………………………………………… A

步骤二：计算呆账损失减少额

原呆账比率=0.3%

每月的呆账损失减少额：200000元×0.3%=600元 ………… B

步骤三：计算月广告费用减少额

广告费支出比率=0.23%

月广告费用减少额：200000元×0.23%=460元 …………… C

步骤四：计算利息

计算期是从购货付款到销货收回货款的期间，假定为120天，利息以每天0.25厘（1厘=0.001元）计算：

0.00025元×228000元×120=6840元 ·························· D

步骤五：计算因互买采购而引起的损益公式为 $A-(B+C)\pm D$

代入上述方程式：

3000元-（600元+460元）-6840元=-4900元

由上例损益计算可以知道，虽然零件价格上涨，但由于采用了互买采购，实际的经济计算结果是每月仍然有4900元的利润。

经济计算的结果对互买采购具有一定的指导意义，采购人员应该把握一些科学的互买采购评价方法，并在与营销部门、财务部门的通力合作下，以降低整体成本为目标，这才是对互买优惠采购策略的最好运用。

（4）做好详细记录。在互买采购过程中，企业要对双方的订购、销售、品管、交货期限做详细的记录，并随时对这些资料进行整理分析。在可能出现不利情况前，就以互买采购双赢为目标，及时采取变动成本采购策略或要求对方降价。

二、改善采购路径

采购路径是指原材料从供应商到采购商的物流通路。采购方在采购前，应该要了解生产所需的物料是由什么样的工厂生产的，经过什么样的路径才流通到企业等。

很多企业，在可能的情况下都直接与生产厂商交易，以减少中间环节的盘剥，从而带来直接的经济效益，但有时也可以利用流通环节降低采购成本。

比如标准件、规格品以及一些专门的特殊品，适合由经销代理店或特约店进行交易。在利用带有中间环节的流通路径时，可以分下列几种情况进行处理。

1.标准件订购

像螺钉、螺帽、垫圈等标准的紧固件，可以由专门的经销商根据市场销售情况向生产厂商订购，价格也相对便宜。一些不常用的、特殊的标准件、规格品，这些供应商也能随时供应。

2.偏远地区的物料订购

有些物料生产商地处偏远地区，或者企业远离供应区域，直接购买会受交通费用、运费、通信费等诸多不利因素的影响，这种情况下应该利用中间商代为采购。

3. 特殊品的订购

新规格产品、特殊用途产品往往用量不大，却很急用，此时以通过中间商预定为宜。即使某些产品已在市场上公开销售，但有时仍难以直接订购。像这种特殊品如能通过中间商来订购，则在交货期、品质、价格方面对企业来说都是有利的。

4. 少量订购

批量很小的物料采购，不论是对供应商还是中间商来说，采购员均处于弱势地位，要多次电话催促，甚至还要亲自上门拿取，这样就产生很多的额外费用。此时还是向中间商订购为好。对于那些数量虽少，却是持续不断需要的产品，则可以直接向生产者购买。

三、进行价格核算

企业对产品价格的计算通常有两种方法：一种是概略计算方法，又称估算法；另一种为成本计算法。

比如，一些铸造厂常常使用估算法计价，他们往往以铸造产品的重量为计算基准，而不大考虑铸件的形状。但实际上，铸件中空部分少则重量大，中空部分多则重量小，所以，每千克铸件的单价不应相同。

又如，电焊作业常以焊接长度计价。其实焊接的作业条件不同，如焊接角度、焊缝高度、高空作业、地下作业等，其价格也是不一样的。

当供应商的产品价格计算采用估算法时，采购人员可以采用与其针锋相对的价格核算方法来进行采购。

同样以铸件生产来说，对那些热衷于用估算法计价的企业，应尽量采购那些重量轻、模具多、加工比较难的产品，这样的产品用估算法计价，采购方可以获得很大的利润空间，以很低的价格购得所需物品。

以焊接作业为例，对于那些焊接时间长、焊条耗量大的零件，需在高处或罐中作业或焊缝高度大的零件等，以焊缝长度计价，采购方就可以廉价采购了。

四、实施困境采购

困境采购是指当供应商受经济形势和产品供求不利条件的影响时，采购方抓住时机，促使所采购产品的价格大幅度下降的采购行为。

利用困境采购策略进行采购，可分为下列两类情况。

1.企业生产必需品的采购

经济环境的好坏对供应商来说,影响最大的恐怕是生产率和开工率两项指标。开工率不足,人员和设备空闲,投入的资本回收困难,加上市场疲软,供大于求,供应商为了尽快摆脱困境,一定会通过降价来争取更多的订单。

采购方如能及时捕捉到此类信息,锁定那些正面临困境且具备交易意愿的供应商,在此时订购自己所需的材料、零件或制品,易取得较好的效果,同时可以运用变动成本采购或固定成本削减策略,帮助供应商渡过难关。该采购方式可以达到双赢的效果。

2.预测未来所需的采购

通过对生产所需的材料、零件或制品的需求动向、经济发展趋势等加以分析考虑,可以预见价格上涨,此时如能多买一些存放起来,或购入必要的直接材料并且加以调配,是降低材料成本的方法之一,对企业整体来说也是较为有利的。

但这种采购是有前提条件的,例如资金比较宽松,且这些购入的材料不会因替代品的出现、技术的革新等而变成呆料或废料。

五、采用共同订货

共同订货是指把不同的企业联合起来,把若干相同的零件统一起来,然后向专门制造此零件的厂商订货。由于是大批量订货,供应商可以批量生产,于是可以给联合采购商更多的价格优惠,加上设计的标准化,可以共享行业联合的优势,这样对买卖双方都十分有利,而且还能够建立起与国外同类产品竞争的优势地位。

共同订货并非只适用于同行业之间,只要产品条件可以协调,也能与其他行业合作。共同订货采购方式主要有图9-6所示的四种。

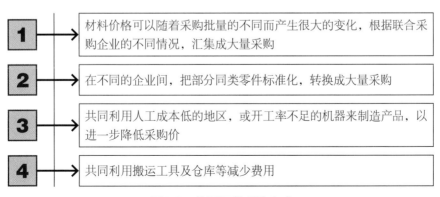

图9-6　共同订货采购方式

第十章

采购成本控制

第一节 做好采购成本分析

采购成本是指企业在采购过程中所产生的实际成本，包括采购物品的成本、物流成本、库存成本等。采购成本分析旨在了解采购过程中不同环节的实际成本，为企业成本控制和优化提供参考。

一、采购支出成本观

企业采购支出成本通常包括材料维持成本、订购管理成本以及采购不当导致的间接成本。

1.材料维持成本

材料维持成本是指为保持物料而发生的成本，可以分为固定成本和变动成本。

（1）固定成本。固定成本与采购数量无关，如仓库折旧费用、仓库员工的固定工资等。

（2）变动成本。变动成本与采购数量有关，如物料资金的应计利息、物料的破损和变质损失、物料的保险费用等。

材料维持成本的具体项目、具体说明如表10-1所示。

表10-1 材料维持成本的具体项目、具体说明

序号	具体项目	具体说明
1	维持费用	存货的品质维持需要资金的投入。这方面投入了资金就使其他需要使用资金的地方丧失了使用这笔资金的机会，如果每年其他需要使用这笔资金的地方投资报酬率为20%，即每年材料维持成本为这笔资金的20%
2	搬运支出	存货数量增加，则搬运和装卸的机会也增加，搬运工人与搬运设备同样增加，搬运支出一样增加
3	仓储成本	仓库的租金及仓库管理、盘点、维护设施（如保安、消防等）的费用
4	折旧及陈腐成本	存货容易发生品质变异、破损、报废、价值下跌等情况，因而所丧失的费用就会增加
5	其他支出	如存货的保险费用、其他管理费用等

2.订购管理成本

订购管理成本是指企业为了实现一次采购而进行的各种活动的费用，如办公费、差旅费、快递费、电话费等支出。具体地说，订购管理成本包括的具体费用如表10-2所示。

表 10-2　订购管理成本

序号	类别	具体费用
1	请购手续费	请购所花的人工费用、事务用品费用、主管及有关部门的审查费用
2	采购成本	估价、询价、比价、议价、采购、通信联络、购买事务用品等所花的费用
3	进货验收成本	检验人员办理验收手续所花费的人工费用、交通费用、仪器仪表检验费用等
4	进库成本	搬运物料所花费的成本
5	其他成本	如会计入账、支付款项等所花费的成本等

3. 采购不当导致的间接成本

采购不当导致的间接成本是指由于采购中断或者采购过早而造成的损失，包括待料停工损失、延迟发货损失和丧失销售机会损失、商誉损失。如果损失客户，还可能为企业造成间接或长期损失。采购不当导致的间接成本可以分为五种，具体内容如表10-3所示。

表 10-3　采购不当导致的间接成本

序号	类别名称	具体说明
1	采购过早及其管理成本	过早的采购会导致企业在物料管理费用上的增加，比如用于管理的人工费用、库存费用、搬运费用等。一旦订单取消，过早采购的物料容易变成呆料
2	安全存货及其成本	许多企业都会考虑保持一定数量的安全存货，即缓冲存货，以防在需求或提前期方面的不确定性。但是困难在于确定何时需要及保持多少安全存货，因为存货太多意味着多余的库存，存货不足则意味着断料、缺货或失销
3	延期交货及其成本	延期交货可以有两种形式：缺货可以在下次规则订货中得到补充，利用快速运送延期交货。 （1）在前一种形式下，如果客户愿意等到下一个周期交货，那么企业实际上没有什么损失；但如果经常缺货，客户可能就会转向其他企业 （2）利用快速运送延期交货，则会产生特殊订单处理费用和送货费用。而这些费用相对于按规则补充的普通处理费用而言要高
4	失销成本	（1）尽管一些客户可以允许延期交货，但仍有一些客户会转向其他企业。在这种情况下，缺货导致失销。企业的直接损失是这种货物的利润损失。除了利润的损失，还应该包括当初负责这笔业务的销售人员的人力、精力浪费，这就是机会损失 （2）很难确定一些情况下的失销总量。例如，许多客户习惯电话订货，在这种情况下，客户只是询问是否有货，而未指出要订货多少。如果这种产品没货，客户就不会说明需要多少，对方也就不会知道损失的总量。同时，也很难估计一次缺货对未来销售的影响

续表

序号	类别名称	具体说明
5	失去客户的成本	由于缺货而失去客户，使客户转向另一家企业。若失去了客户，也就失去了一系列收入，这种缺货造成的损失很难估计。除了利润损失，还有由于缺货造成的信誉损失。信誉很难度量，因此在采购成本控制中常被忽略，但它对未来销售及客户经营活动却非常重要

二、采购价格成本观

在企业内部，诸多采购员认为"采购成本＝采购价格"。尽管这种观点在一些企业经营者中不太被认同，但对于采购员执行采购任务来说却有不可估量的意义。

采购价格即采购产品购入价格，是由供应商产品的制造成本与供应商的利润目标来决定的，如图10-1所示。

图10-1 采购产品购入价格的构成

1.供应商产品的制造成本

供应商产品的制造成本包括供应商的原料费、人工费、制造费用三部分，具体内容如表10-4所示。

表10-4 供应商产品的制造成本

序号	成本名称	具体说明
1	原料费	原料加工后成为产品的一部分，原料费构成产品制造成本的主要部分。具体包括原料的购价、运费和仓储费用，并扣减购货折扣
2	人工费	直接人工指直接从事产品制造的工作人员，例如加工与装配人员、班组长等。其成本包括直接人工的薪资与福利
3	制造费用	原料费与人工费之外的一切制造成本，包括间接材料费、间接人工费、折旧费、水电费用、租金、保险费、修护费等。在此应了解以下两个概念： （1）间接材料如制造过程中所需的工具、夹具、模具、润滑油、洗剂、黏合剂及螺丝钉等。 （2）间接人工指与产品的生产并无直接关系的人员，例如各级管理人员、品管人员、维修人员及清洁人员等

2.供应商的利润目标

利润即企业销售产品的收入扣除成本价格和税金以后的余额。供应商的成本消耗是固定的,利润目标却是灵活的。供应商的利润目标是尽量提高销售价格,以便使利润获得足额空间。对于采购员来说,为了降低采购的成本,目标是尽量压缩供应商的利润空间。供应商利润空间成为双方的焦点,其利润空间构成如图10-2所示。

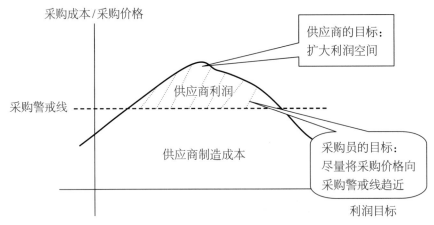

图10-2 供应商利润空间构成

三、通过VA/VE分析采购成本

采购员对采购成本进行控制,可以采用VA/VE(价值分析法与价值工程法)来分析。

1.VA分析

价值,是指采购产品对企业的价值,是以最低的成本,在理想的地点、时间发挥出产品的功能,价值分析就是从这一理论出发执行采购任务的。

价值分析公式为:

$$V=F/C$$

式中 F——Function,功能重要性系数;

C——Cost,成本系数;

V——Value,功能价值系数。

例如:电视机厂家在生产电视机配件螺钉时,螺钉有铁的、铜的。其中铁螺钉的成本为0.2元,而铜螺钉的成本为0.3元,但两者的功能相同。所以从价值角度出发,在选择螺钉时最好选择铁螺钉。

对采购而言,价值分析的目的是:寻求成本最小化,追求价值最大化。

2.VE分析

价值工程的工作原理是通过对采购产品或采购过程服务的功能加以研究,确定最低的生命周期成本,通过剔除、简化、变更、替代等方法,来达成降低成本的目的。由于采购产品在设计、制造、采购的过程中存在许多无用成本,因此,价值工程的目的就是消除无用成本,如图10-3所示。

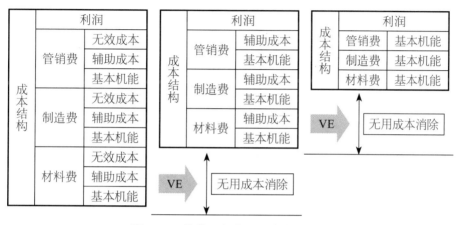

图10-3　价值工程中无用成本的消除

四、产品生命周期成本分析

产品需要经历诞生、成长、成熟和衰退的过程,就像生物的生命历程一样,所以称之为产品生命周期。产品生命周期就是产品从进入市场到退出市场所经历的市场生命循环过程,进入和退出市场分别标志着产品生命周期的开始和结束。

1.产品生命周期

产品生命周期一般可以分成四个阶段,即引入期、成长期、成熟期和衰退期,如图10-4所示。对于采购产品而言,必须把握住产品的最佳时期,才能降低采购成本。

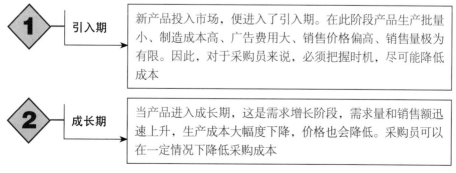

图10-4

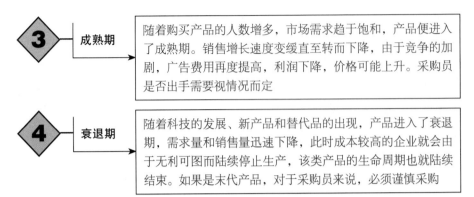

图10-4 产品生命周期

2.产品生命周期对采购成本的影响

由于产品所处的生命周期不同,产品的固有成本也就不同。这里的固有成本一般指市场买价,由于产品所处的阶段不同,因此市场价格也不同。除了市场价格成本的影响外,采购员还必须考虑到产品售后的维护成本。如果采购品的维护成本过高,则必须选择产品生命周期成本最小者。

例如:工厂的采购员在为本企业采购机器设备时,应该在价格最低的时候去采购,这样最经济。如果零售企业的采购员在选择零售产品时,也在价格最低的时候去采购,此时可能会使该采购品成为商场的呆滞品。

因此,产品生命周期决定产品的价格,而产品的价格决定产品采购成本周期,产品采购成本周期曲线如图10-5所示。

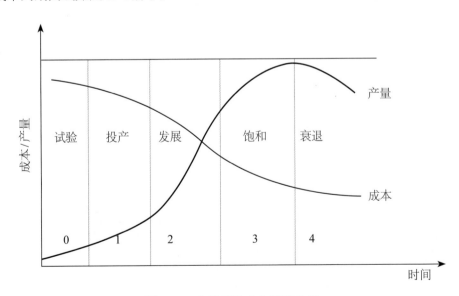

图10-5 产品采购成本周期曲线

五、产品所处生命周期测定

正确判断产品处在生命周期的哪个阶段,对企业制定相应的采购策略非常重要。企业最常用的判断产品生命周期阶段的方法有类比法和增长率法两种。

1.类比法

类比法是根据以往市场类似产品生命周期变化的资料来判断企业产品处在市场生命周期的何种阶段。如A产品与B产品属于类似产品,用A产品的运行周期来确定B产品的运行周期,如图10-6所示。

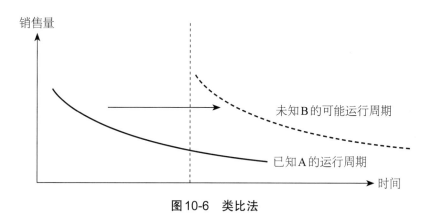

图10-6 类比法

2.增长率法

增长率法是以某一时期的销售增长率与时间增长率的比值,来判断产品所处的生命周期阶段,如图10-7所示。

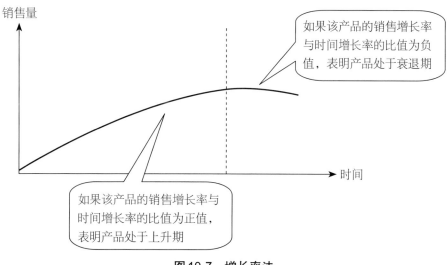

图10-7 增长率法

第二节 采购成本控制方法

控制好采购成本并使之不断下降,是一个企业不断降低产品成本、增加利润的重要和直接手段之一。下面主要介绍几种常用的控制采购成本的方法。

一、招标采购法

所谓招标又称公开竞标,是现行采购方法中常见的一种。这是一种按规定的条件,由卖方投报价格,并择期公开当众开标,公开比价,以符合规定的最低价者中标的买卖契约行为。

此类型的采购具有自由公平竞争的优点,可以使买者以合理的价格购得理想的物料,并可杜绝徇私现象、防止各种弊端。不过招标采购法手续繁杂且费时,对于紧急采购与特殊规格的物料采购无法适用。

招标采购适用于政府机关、大型的集团公司,有如下特点:招标采购不需采购组织花费精力与时间,去市场开发供应商,而是供应商亲自上门,在一个公开的环境下,让供应商公开论价比价,方便采购组织寻找到采购价格最低的采购品;同时也防止采购员与供应商私下沟通。

1.招标采购的实施

招标采购必须按照规定的作业程序进行。一般而言,招标采购的流程可分为发标、开标、决标、签订合约四个阶段,具体如表10-5所示。

表10-5 招标采购流程的四个阶段

序号	阶段类别	具体说明
1	发标	发标之前须对采购物品的内容,依其名称、规格、数量及条件等详加审查。若认为没有缺失或疑问,则开始制定招标书、刊登公告并开始准备发售招标书
2	开标	开标之前须先做好事前准备工作,如准备开标场地、出售招标书;然后将厂商所投的标启封,审查厂商资格,若没问题再予以开标
3	决标	开标之后,须对报价单所列各项规格、条款详加审查,检查是否合乎规定,再举行决标会议,公布决标单并发出通知
4	签订合约	决标通知一经发出,此项买卖即告成立,再依招标规定办理书面合同的签订工作,合同一经签署,招标采购即告完成

2.制定招标书

在整个招标采购的过程中，最重要的是招标书的制定。理想的招标书必须遵循三项基本原则，即具体化、标准化、合理化，否则整个招标采购工作将弊端丛生，前功尽弃。因此，如何制定一份理想的招标书，是招标采购中不可忽视的一项重要基础工作。一份理想的招标书，至少须具备的特质如图10-8所示。

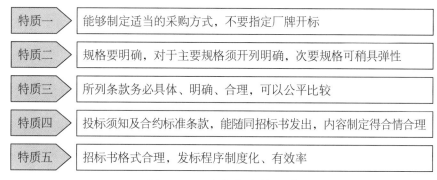

图10-8 理想招标书的特质

招标书格式严格。一般而言，标书的格式有两大类：三用式标书与两用式标书。其中前者用途较广，用的次数也更多。所谓三用式标书是指一份标书中包括招标书、投标书及合同三种。买方将拟采购的物品名称、规格、数量、条款等列在招标书中，而投标厂商将其所报价格及条件分别填在投标书各栏，之后签章投入标箱，经买方审核认可，将合同各栏予以填注，并经负责人签章后即构成合同。

二、集中采购法

集中采购法又称为以量制价法。

1.一般意义上的集中采购

在一些公司，为了降低分散采购的选择风险和时间成本，除了一般性材料由分公司采购外，某些大型机电设备等由公司本部负责集中采购，这就是一般意义上的集中采购。

2.实际操作中的集中采购

在集中采购的实际操作中，总公司为了弱化分公司的采购主动权，防止分公司与供应商串通，所有的物料将统一由总公司集中采购。

3.集中采购的实施

集中采购可实现公司采购业务集中管控，包括图10-9所示的几种典型模式。

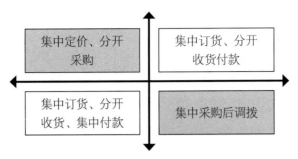

图 10-9 集中采购的典型模式

采用哪种模式，取决于总公司对下属公司的股权控制、税收、物料特性、进出口业绩统计等因素，一个公司内可能同时存在以上几种集中采购模式。

在公司整合、经济一体化的形势下，分散采购无法体现规模效益和满足全球化的要求。但是，如果规划运用不当，集中采购往往会弊大于利。如集中采购会引发公司部门利益矛盾。集中采购的度，即一类物料到底是全部归总部集中采购，还是适当授权分公司，需灵活处理。

三、目标成本法

目标成本法是一种以市场为导向，对产品的制造、生产服务的过程进行利润计划和成本管理的方法。采购员在给采购品定价时，不是一味地、没有目标地谈价、压价，而是要运用科学的方法核算出采购什么价位的产品、配件，才能使企业获得利润。

目标成本法运作的具体步骤如图 10-10 所示。

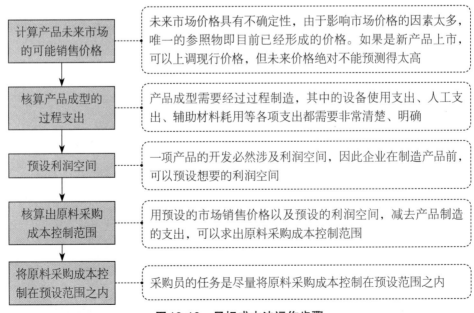

图 10-10 目标成本法运作步骤

四、供应商早期参与法

采购企业与供应商的合作从研发开始,直到量产出货。

供应商早期参与是指在产品研发阶段,采购企业与供应商之间,关于产品设计和生产以及模具、机器、夹具开发等方面所进行的技术探讨。

供应商早期参与的主要目的是让供应商清楚地领会到产品设计者的设计意图和要求,同时也让产品设计者更好地明白模具、机器、夹具的生产能力,以及产品的工艺性能,从而做出更合理的设计。供应商早期参与运作流程如图10-11所示。

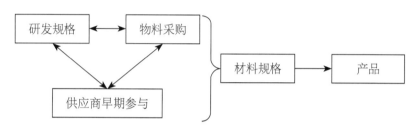

图 10-11 供应商早期参与运作流程

1.供应商早期参与的层次

根据供应商参与的程度和深度的不同,可以将供应商早期参与分为五个层次,具体内容如表10-6所示。

表 10-6 供应商早期参与的层次

序号	层次	具体说明
1	提供信息	这是供应商早期参与客户产品开发的最低层次。供应商通常只是根据企业的要求提供共享所必需的信息资料,如设备产能等信息,供企业参考
2	设计反馈	针对企业的产品设计和开发情况,供应商会提出有关成本、质量、规格或生产工艺方面的改进意见和建议
3	零部件设计与开发	供应商根据企业提出来的零部件要求,深入参与或独自承担相关零部件的设计和开发工作
4	部件或组件整体开发	在这一层次,供应商承担企业产品中较重要的部件或组件整体开发的全部工作
5	系统开发	这是供应商早期参与企业产品开发的最高层次。供应商必须根据企业产品的整体要求,完全承担整个系统的开发工作。早期供应商必须拥有产品开发的专业技巧或技能,允许客户独家享有,并对企业产品设计和开发过程中所涉及的问题承担责任

> **小提示**
>
> 供应商早期参与，提前介入，可以最大限度地避免产品量产导入前的浪费，节约量产导入时间，最终节约采购成本。

2. 供应商早期参与的条件

供应商早期参与由于涉及战略合作问题，因此必须具备三个条件，如图10-12所示。

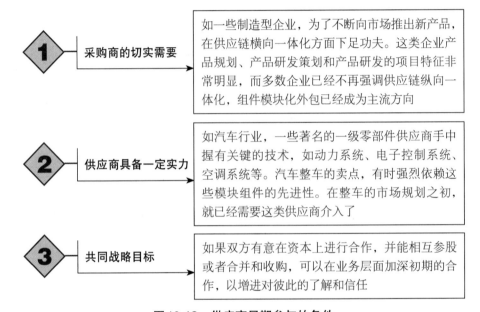

图10-12　供应商早期参与的条件

五、ABC分类采购法

ABC分类法的原理是将库存物品按品种和占用资金的多少分为特别重要的库存（A类）、一般重要的库存（B类）和不重要的库存（C类），然后针对不同等级分别进行管理与控制。其核心就是"抓住重点，分清主次"。三类物品品种和资金比值关系如图10-13所示。

1. ABC类物料的库存管理方法

根据ABC分类的结果可以采取不同的库存管理方法。

（1）对A类物料应重点管理，严加控制，采取较小批量的定期订货方式，尽可能降低库存量。

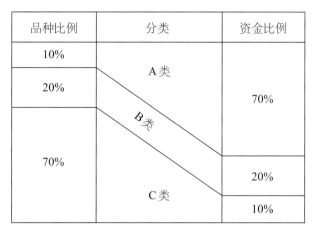

图10-13 库存A、B、C三类物品品种和资金比值关系

（2）对C类物料采用较大批量的定量订货方式，以求节省手续，留出精力管好重要物料。

（3）对B类物料则应根据情况区别对待。

2.ABC分类采购的方法

ABC分类采购的方法如表10-7所示。

表10-7 ABC分类采购的方法

序号	方法名称		具体说明
1	A类材料的采购	采购形式	对占用资金多的A类材料必须严格采取定期订购方式，订购次数可以多一些，同时要精心管理
		采购方式	采购方式采取询价比较采购、招标采购。这样能控制采购成本，保证采购质量。采购前，采购员要做好准备工作，进行市场调查，货比三家。对大宗材料、重要材料要签订购销合同。材料入库必须通过计量验收，对材料的质量报告、规格、品种、质量、数量，认真验收合格后入库，进行货款结算，检查与调整采购计划，做到及时、有效地纠正偏差
2	B类材料的采购	采购渠道	对于批量不是很大的常用材料、专用物资，采购渠道要定做及加工改制，主要适应非标准产品、专用设备等。加工改制包括带料加工和不带料加工
		采购方式	采购方式可采取竞争性谈判。采购方直接与三家以上的供货商或生产厂家就采购事宜进行谈判，从中选出质量好、价格低的生产厂家或供货商
		订货方式	订货方式可采用定期订货或定量订货。B类材料虽无须像A类材料那样精心管理，但其材料计划、采购、运输、保管和发放等环节管理要求与A类材料相同

续表

序号	方法名称		具体说明
3	C类材料的采购	材料特点	C类材料是指用量小，市场上可以直接购买到的一些物料。这类材料占用资金少，属于辅助性材料，容易造成积压
		采购渠道、订货方式	采购渠道可采用市场采购的方式，订货方式采用定量订货。必须严格按计划购买，不得盲目多购。采购员要认真进行市场调查，收集采购材料的质量、价格等市场信息，做到择优选购。材料保管人员要加强保管与发放，要严格领用手续，做到账、卡、物相符

材料ABC分类管理，是保证产品质量、降低材料消耗、杜绝浪费、减少库存积压的重要途径。无论是A类材料，还是B类、C类材料，只有认真做好材料的计划、采购、运输、储存、保管、发放、回收等环节的管理工作，同时根据不同的材料采取不同的订货渠道和订货方式，才能及时、准确、有效地做好材料质量与成本控制，达到节约成本、提高经济效益的目的。

六、定量采购控制法

所谓定量采购控制法是指当库存量下降到预定的最低库存数量（采购点）时，按规定数量［一般以EOQ（经济订货批量）为标准］进行采购补充的一种采购成本控制方法，如图10-14所示。当库存量下降到订货点（也称为再订货点）时，马上按预先确定的经济订货批量发出货物订单，经过交货周期，收到订货，提升库存水平。

图10-14 定量采购控制法

1. 适用范围

定量采购控制法适用于数量少、占用资金量大的物品。

2. 订货点

通常，采购点的确定主要取决于需求率和订货、到货间隔时间这两个要素。

在需求固定均匀和订货、到货间隔时间不变的情况下，不需要设定安全库存，订货点由下式确定：

$$R = \frac{LT \times D}{365}$$

式中　R——订货点的库存量；

　　LT——交货周期，即从发出订单至该货物入库间隔的时间；

　　D——每年的需要量。

当需求发生波动或订货、到货间隔时间变化时，订货点的确定方法较为复杂，且往往需要设定安全库存。

3.订货量

订货量通常依据经济批量方法确定，即以总库存成本最低时的经济订货批量为每次订货时的订货数量。

七、定期采购法

定期采购是指按预先确定的订货间隔期间进行采购来补充库存的一种方式。企业根据过去的经验或经营目标预先确定一个订货间隔期间，每经过一个订货间隔期间就进行订货，每次订货数量都不同。在定期采购时，只在特定的时间进行库存盘点，例如每周一次或每月一次。

1.定期采购的订购量

在定期采购时，不同时期的订购量不尽相同，订购量的大小主要取决于各个时期的使用率。它一般比定量采购要求更高的安全库存。定量采购是对库存连续盘点，一旦库存水平到达再订购点，就立即进行订购。相反，标准的定期采购模型仅在盘点期进行库存盘点。这就有可能在刚订完货时由于大批量的需求而使库存降至零，这种情况只有在下一个盘点期才会被发现，而新的订货需要一段时间才能到达。这样，有可能在整个盘点期和提前期发生缺货现象。所以安全库存应当保证在盘点期和提前期内不发生缺货。

2.定期采购的优点

定期采购的优点具体如图10-15所示。

3.定期采购的缺点

定期采购的缺点如图10-16所示。

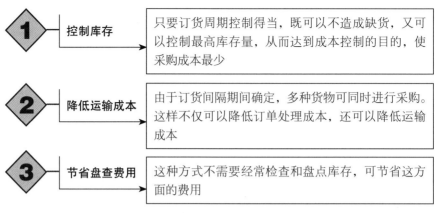

图10-15　定期采购的优点

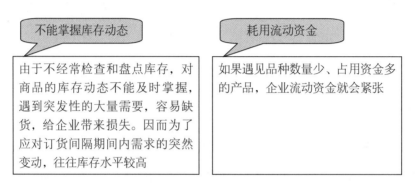

图10-16　定期采购的缺点

4.定期采购的实施

定期采购仅针对数量多、占用资金较少的商品,对于数量少、占用资金多的商品最好采用定量采购。

采购周期也可以根据具体情况进行调整。

比如,根据自然日历习惯,以月、季、年等确定周期;根据供应商的生产周期或供应周期进行调整等。

定期采购方式中订货量的确定方法如下:

$$订货量=最高库存量-现有库存量-订货未到量+客户延迟$$

八、电子采购法

电子采购是由采购方发起的一种采购行为,是一种不见面的网上交易,如网上招标、网上竞标、网上谈判等。人们把企业之间在网络上进行的这种招标、竞价、谈判等活动定义为B2B电子商务,事实上,这也只是电子采购的一个组成部分。电子采购比一般的电子商务和一般性的采购在本质上有了更多的概念延伸,它不仅仅完成采购行为,而且利用信息和网络技术对采购全程的各个环节进行管理,有效地整合了企业的资源,帮助供求双方降低了成本,提高了企业的核心竞争力。

1.电子采购的优势

具体来说,电子采购具有图10-17所示的优势。

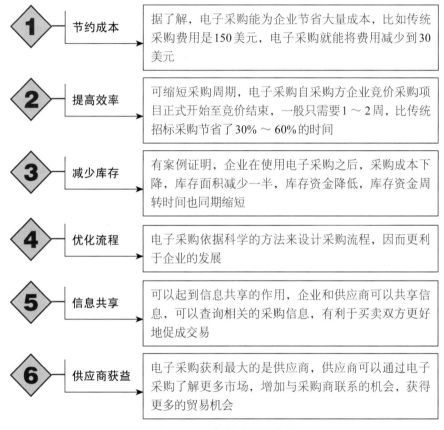

图10-17　电子采购的优势

2.电子采购的流程

电子采购的流程如图10-18所示。

3.电子采购的组织实施

企业电子采购的组织实施一般由采购部门负责,由其组织生产部门或其他部门提出采购计划,利用采购管理信息化系统,使电子采购实现内部各相关程序的公开、透明和权利的有效制衡。

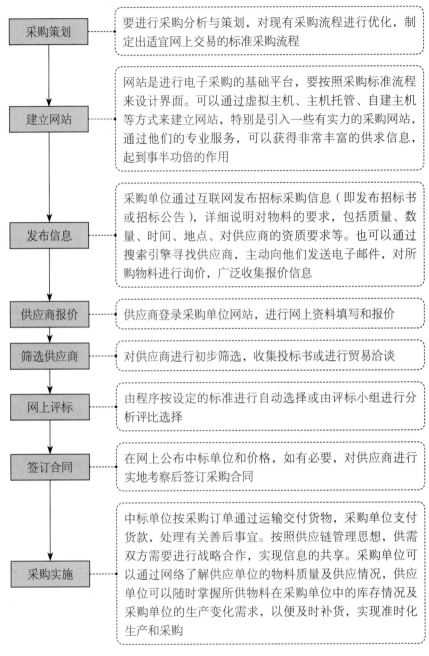

图10-18 电子采购的流程

采购物资的价格、质量等信息要在企业内部网上公开，做到采购人员掌握的信息，监督和管理人员也能掌握，防止暗箱操作，堵塞采购漏洞，降低采购成本，确保采购物资质量，防止库存过高。

基于电子商务的应用，可以有效地实现供应链上各个业务环节信息孤岛的连接，使业务和信息实现有效的集成和共享。同时，电子商务应用改变了供应链的稳定性和影响范围,也改变了传统的供应链上信息逐级传递的方式,为企业创建广泛可靠的上游供应网关系、大幅降低采购成本提供了基础,也使许多企业能以较低的成本加入供应链联盟。

 相关链接

采购员如何控制采购成本

控制采购成本一直是采购员工作的重要任务之一,合理控制采购成本不仅可以提高企业的经济效益,还可以优化供应链管理。本文将从几个方面总结采购员控制采购成本的工作。

1.优化供应商选择

供应商的选择直接关系到采购成本的控制。采购员应根据企业的需求和质量标准,全面评估供应商的产品价格、产品质量、交货周期等因素,并进行合理的比较和选择。在选择供应商时,采购员还应充分考虑供应商的信誉度和售后服务等方面,以避免后期出现质量问题或售后困扰,增加采购成本。

2.合理控制采购数量

采购数量的控制是降低采购成本的重要环节。采购员应根据企业的销售计划、库存情况和市场需求等因素,合理预估采购数量,避免过多或过少的采购。过多的采购会导致资金周转困难和库存积压,增加企业的成本;过少的采购则可能导致生产线断货,影响交货期和客户满意度。因此,采购员需要与销售、生产等部门紧密合作,及时调整采购数量,确保采购成本的合理控制。

3.采购成本与质量把控

采购成本与产品质量密切相关,采购员需要加强对供应商产品质量的把控。在选择供应商过程中,采购员应要求供应商提供产品的样品进行质量测试,确保采购的产品符合企业的质量标准。同时,在供应商生产过程中,采购员应加强对供应商的监督和检查,确保产品质量的稳定性。通过提高产品质量,可有效降低采购成本,减少返工和售后等额外费用的发生。

4.加强对市场信息的掌握

采购员在进行采购成本控制时,需要及时了解市场行情和供应商价格的变化情况。通过加强与供应商的沟通和信息交流,了解原材料价格的波动和供应商的促销活动等信息,以最低的成本采购到所需产品。同时,采购员还应关注行业相关信息,了解市场需求和竞争情况,及时调整采购策略,降低采购风险和成本。

5.加强内外部协同

采购成本控制需要采购员与企业内外部各个部门协同工作。在采购决策中,采购员需要与财务、销售等部门密切合作,共同分析采购成本和财务预算,确保采购成本的可控性。同时,采购员还应与供应商建立良好的合作关系,加强沟通和协商,以获得更好的价格和服务。通过内外部的协同合作,可以实现采购成本控制效果的最大化。

综上所述,采购员控制采购成本的工作需要从优化供应商选择、采购数量控制、质量把控、加强对市场信息的掌握和内外部协同等多个方面入手。只有做好这些工作,才能实现采购成本的有效控制,提高企业的竞争力和盈利能力。作为采购员,应不断学习和积累经验,全面提升自身的采购能力和综合素质,为企业的发展做出更大的贡献。

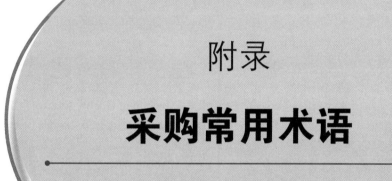

附录

采购常用术语

A

AVL：Approved Vendor List，入围或合格供应商名单

After-sales Service：售后服务

Assign AVL：指定合格供应商

B

Buy/Sell：先买后卖

Bug：系统漏洞或缺陷

Buy：采购

Buyer：买方，买家

Bargaining Power：议价权

BOM：Bill of Materials，物料清单

C

Consign：送料

CSP：Customer Solution Procurement，客户解决方案采购

CM：Category Management，品类管理

CCC：Cash Conversion Cycle，资金周转周期

CTB：Clear to Build，可以做成品的套料

D

Deliver：交付

DIO：Days Inventory Outstanding，库存周转天数

DSO：Days Sales Outstanding，应收账款周转天数

DPO：Days Payable Outstanding，应付账款周转天数

E

EOL：End of Life，产品生命周期结束

EOQ：Economic Order Quantity，经济订货批量，是固定订货批量模型的一种

F

FCST：Forecast，需求预测

G

GSM：Global Supply Manager，全球供应经理

Gap：差异

Golden Line：样板线

I

IQC：Incoming Quality Control，来料检验

IC：Integrated Circuit，集成电路

IOS：Input-Output-Shipment，输入、输出和发货

ITO：Inventory Turnover，库存周转率

J

JIT：Just in Time，及时地，指精益生产模式

K

Key Components：关键物料

L

Last Buy：最后一次购买

Lead Time：交期

M

Make：制造

MP：Massive Product，量产

MPS：Master Production Schedule，主生产计划

MRP：Material Requirement Planning，物料需求计划

O

Outsourcing：生产外包

P

P2P：Purchase to Pay，采购到付款

PD：Product Design，产品设计

PCBA：Printed Circuit Board Assembly，印制电路板组装

Q

Quality：质量、品质

Quantity：数量

R

Return：退、换、修

ROI：Return on Investment，投资回报率

RFQ/RFP：Request for Quotation/Procurement，报价或采购问询

RoHS：Restriction of Hazardous Substances，全称《关于限制在电子电气设备中使用某些有害成分的指令》，是由欧盟立法制定的一项强制性标准。

S

Supplier：供应商

Shortage：缺料，物料短缺

SM：Supplier Management，供应商管理

Should Cost Model：应计成本模型

Single Source：独家供应

SKU：Stock Keeping Unit，库存量单位

T

Transparent Price Model：透明价格模型

TCO：Total Cost of Ownership，总体拥有成本

Turnkey：自行进料

V

VMI：Vendor Managed Inventory，供应商管理库存

W

WM：Warehouse Management，仓库管理

Y

Yield：良率

Z

Zero Inventories：零库存